기독교문서선교회 (Christian Literature Center: 약칭 CLC)는 1941년 영국 콜체스터에서 켄 아담스에 의해 시작되었으며 국제 본부는 미국 필라델피아에 있습니다. 국제 CLC는 약 650여 명의 선교사들이 59개 나라에서 180개의 서점을 운영하며 이동 도서 차량 40대를 이용하여 문서 보급에 힘쓰고 있으며 이메일 주문을 통해 130여 국으로 책을 공급하고 있는 국제적 문서선교 기관입니다.

추천사 1

류 응 렬 박사

와싱톤중앙장로교회 담임목사
고든콘웰신학대학원 객원교수

제가 참으로 사랑하는 제자요 동역자인 배정석 목사님의 『삶의 우선순위』를 추천하게 되어 너무나 기쁘고 영광스럽게 생각합니다. 먼저 이 책을 펼치는 순간 나를 향해 들려주는 목사님의 애틋한 목소리가 들려온다는 것을 느낄 것입니다. 그 목소리를 통해 주님께서 우리에게 들려주시는 마음을 읽게 될 것입니다.

삶이 복잡할수록 우리의 삶은 '중요한 것'보다 '급한 것'에 이끌려 가기 쉽습니다. 아무리 속도를 낸다 해도 방향이 잘못되면 열심히 달려갈수록 목적지에서 멀어질 뿐입니다. 배정석 목사님은 본서를 통해 하나님을 경외하는 사람에게 무엇이 우리 마음의 중심에 자리해야 하는지 분명하게 보여줍니다. 그 마음의 지도를 따라가다 보면 하나님이 원하시는 삶이 펼쳐진다는 것을 확인하게 될 것입니다.

바벨론 포로생활에서 돌아온 유다 백성이 맞이한 절망스러운 현실은 오늘날 모두가 위기라고 말하는 한국 교회의 현실을 보게 합니다. 솔로몬의 성전과 비교할 때 초라한 모습으로 아파하는 백성들을 향해 "레바논의 백향목이 아니라도 된다"는 학개 선지지의 음성은 오늘날 우리의 상심한 마음에 들려주는 하나님의 음성으로 들려옵니다. 하늘과 땅을 진동시키는 창조주 하나님이 "내가 너와 함께 하리라"는 한 마디를 들려주신다면 우리 인생은 상황을 뛰어넘는 하늘의 기쁨과 만족을 누리게 될 것입니다.

본서는 본문을 주해하고 설명하는 것에 그치지 않습니다. 매장마다 실제적인 결단으로 이어지는 통찰과 도전을 통해 우리 삶에 실천적으로 적용할 수 있도록 안내합니다. 현실을 바라보는 자리에서 말씀의 자리로 돌아가고, 기도의 습관을 회복하며, 무너진 예배의 감격을 다시금 회복하게 될 것입니다.

특히 자신의 초라한 모습에 아파하는 성도들, 영적으로 어두운 터널을 지나가는 분들에게는 나를 향해 따스한 사랑의 손을 내미시는 하나님의 음성을 듣게 될 것입니다. 절망스러운 광야 같은 삶에서 평소 맛보지 못한 만나를 누리고, 사방이 막혀도 마침내 열린 하늘을 통해 소망의 메시지로 다가오시는 예수님의 모습을 발견하게 될 것입니다.

추천사 2

박 성 규 박사

총신대학교 총장

학개 선지자의 외침은 단지 고대 이스라엘 백성을 향한 과거의 메시지가 아닙니다. 오늘날의 교회와 성도, 특별히 이 시대를 살아가는 우리 모두에게 주시는 하나님의 시의적절한 명령이기도 합니다.

본서는 이 시대에 무너진 하나님의 집을 돌아보게 하며, 영적으로 무너진 개인과 공동체가 다시금 '여호와의 전'을 중심으로 회복될 수 있도록 강력한 도전을 줍니다.

본서는 단순한 주석이 아닙니다. 본문을 치밀하게 해석하고, 역사적 맥락 속에서 그 의미를 밝히면서도, 오늘의 독자들이 실제 삶 속에서 실천할 수 있도록 탁월하게 이끌어 줍니다.

특히 저자는 성전 재건이라는 사건이 단지 건축의 문제가 아니라, 하나님의 주권을 회복하고, 그분의 영광을 중심에 두는 신앙의 본질임을 분명히 드리냅니다.

지금 우리는 예배의 의미가 희미해지고, 교회 중심의 신앙이 약화되는 시대를 살고 있습니다.

본서는 그 속에서 성도와 교회가 다시 '처음 사랑'과 '본질적인 신앙'으로 돌아갈 수 있도록 이끄는 영적 나침반이 될 것입니다.

총신대학교 총장으로서, 그리고 신학을 가르치는 한 사람으로서, 본서가 오늘의 한국 교회와 성도들에게 깊은 울림과 회복의 기회를 줄 것이라 확신하며, 널리 추천하는 바입니다.

추천사 3

김 병 태 목사

성천교회 담임목사

본서는 단순한 건축 또는 예식 중심의 종교를 넘어, 진정한 내면의 회복과 생명력 있는 신앙의 본질을 부각시킵니다. 학개서를 통해 하나님께서 유다 백성에게 던지신 두 가지 질문은 오늘을 사는 우리에게도 강력한 도전으로 다가옵니다.

첫째, 제사물에 닿는 것만으로 거룩해지는가?
둘째, 시체를 만지는 자가 다른 것도 부정케 하는가?

배 목사님은 이 본문을 기독교의 핵심인 '마음 수술'과 '영적 생명력'으로 해석하였습니다. 외형적 교회 활동이나 예식 참여만으로는 부족하며, 하나님 앞에 진정으로 부르짖고, 내면이 새롭게 되어, '만지는 것마다 생명을 주는' 그리스도인의 정체성 회복이 중요하다고 강조합니다.

"나를 높은 곳에 세워주옵소서, 영적인 9단으로!"

하나님과의 직접적 접촉을 통해, 백성을 하나님의 인장으로 세우시겠다는 하나님의 약속, 이 모든 메시지가 설교 전체를 통해 살아 숨 쉬며 깊은 도전과 위로를 전해 줍니다.

이 말씀은 우리에게 묻습니다.
이 책은 우리에게 묻습니다.

나의 신앙, 겉모습에 머물고 있지는 않은가?
나의 신앙은 화려한 겉모습을 단장하는데 주력하지 않았는가?
진정한 '건물'이 아닌, 내 안의 성전인 마음이 살아 움직이는가?
외형적인 '건물'을 건축하는데 머물지 않고, 내 안의 참된 성전인 마음이 살아 움직이고 있는가?
우리의 삶이 만지는 것마다 생명과 회복을 흘려보내는가?
내가 접촉하고 관계 맺는 것마다 참된 생명과 회복의 은총이 임하고 있는가?

말씀 속 하나님은 분명히 "오늘부터는 내가 복을 주리라" 약속하십니다. 이 은혜의 말씀을 따라, 진정한 내면의 변화로 능력 있고 생명력 있는 신앙공동체, 그리고 삶으로 나아가는 모든 분께 뜨거운 마음으로 본서를 추천드립니다.

"오늘부터는 내가 복을 주리라"는 약속을 굳게 붙잡고 형식과 무늬에서 벗어나 진정한 내면의 변화를 추구하는 진짜 예수쟁이에게, 개개인의 마음 성전을 회복함으로 능력 있고 생명력 넘치는 공동체를 회복하려는 분에게 주옥과도 같은 이 한 권의 책을 강력히 추천합니다.

삶의 우선순위

The Priority of Life: Living Accoding to What Matters Most
Written by Bae, Jung Suck
All rights reserved.
Korean Edition Copyright © 2025 by Christian Literature Center, Seoul, Korea.

<u>삶의 우선순위</u>

2025년 09월 25일 초판 발행

지 은 이 | 배정석

편   집 | 정희연
디 자 인 | 박성준. 소신애
펴 낸 곳 | (사)기독교문서선교회
등   록 | 제16-25호(1980.1.18.)
주   소 | 서울특별시 동대문구 천호대로71길 39
전   화 | 02-586-8761~3(본사) 031-942-8761(영업부)
팩   스 | 02-523-0131(본사) 031-942-8763(영업부)
이 메 일 | clckor@gmail.com
홈페이지 | www.clcbook.com
송금계좌 | 기업은행 073-000308-04-020 (사)기독교문서선교회
일련번호 | 2025-70

ISBN 978-89-341-2854-0 (03230)

삶의 우선순위

배정석 지음

목차

프롤로그

배 정 석 목사

"이제, 하나님의 집을 다시 세울 때입니다"

학개서는 단 두 장의 짧은 분량이지만 시대를 꿰뚫는 하나님의 음성을 담고 있습니다. 그 음성은 무너진 성전 앞에서 침묵하던 유다 백성에게 그리고 바쁜 일상 속에서 영적 우선순위를 잃어버린 오늘의 그리스도인들에게 동일하게 울려 퍼집니다.

"너희의 행위를 살필지니라!"

이 단호한 명령은 제 삶을 흔들어 깨운 말씀이기도 했습니다. 목회 현장에서 때로는 내면의 분주함에 사로잡혀 진정 하나님을 우선하지 못했던 날들이 있었습니다. 그때 학개의 메시지가 제게 질문했습니다.

"정말 하나님을 먼저 두고 있는가?"

본서는 그 질문에 대한 제 개인적인 응답이며 동시에 성도 여러분 모두를 향한 하나님의 초대입니다. 무너진 '하나님의 집'을 다시 세우는 것-그것은 단지 건물을 짓는 것이 아니라 예배를 회복하고, 사명을 다시 붙들며, 공동체 안에서 하나님의 영광을 다시 드러내는 일입니다.

저는 본서를 집필하며 다시 한번 목회자로서의 사명을 다짐했습니다. 하나님의 영광이 먼저 세워지는 삶, 그분의 전이 우선되는 교회를 세우는 일에 헌신하기로 말입니다.

책장을 덮는 이 순간, 독자 여러분도 같은 결단에 서시길 간절히 바랍니다.

그리하여 여러분 각자의 삶과 가정과 교회 위에 "내가 너희와 함께 하노라" 하신 주님의 약속이 실현되기를 기도합니다.

제1장

하나님 백성의 우선순위
(학 1:1-6)

오래전에 한 일간 신문에 이집트의 한 문학가가 세상을 타계한 소식이 실렸습니다. 그의 이름은 나지프 마흐푸즈라는 사람인데 94세의 나이로 세상을 떠났습니다. 그는 이집트의 대표적인 지성인으로 추앙을 받았고, 특별히 그가 차지하는 입지는 아랍권에서 최초로 1988년도에 노벨문학상을 받은 사람으로 알려져 있습니다.

그는 이집트뿐만 아니라 아랍권의 문단에서 거의 독보적인 위치를 차지했는데, 그가 노벨상을 받은 수상작 『우리 동네 아이들』이라는 작품은 당시에 마호메트를 모독하는 내용이 들어 있다는 이유로 이슬람에서 금서로 지정되었고, 특별히 1994년도에 이 소설의 내용에 불만을 품은 사람들, 특히 이슬람의 근본주의자들은 그를 암살하려고 했습니다.

그런데 암살에 실패했고 그가 목숨을 건졌는데 그 후유증으로 오른팔 신경을 심하게 다쳐서 지필에 대단히 큰 어려움을 겪었다는 것입니다.

그런데 그때 이 나지프 마흐푸즈가 이런 말을 했다고 합니다.

> 만약 내가 글을 쓰는 욕구를 잃어버린다면 나는 그날이 바로 나의 최후의 날이 될 것입니다. 만약 내가 글을 쓰고자 하는 나의 욕구가 사라진다면 그날이 바로 나의 최후의 날이 될 것입니다. 글을 쓰는 욕구가 나의 삶에서 사라지는 순간, 다시 말해서 글이 쓰고 싶어지지 않는다면 그날이 바로 나의 최후의 날이 될 것입니다.

저는 이 글을 아주 의미심장하게 읽었습니다. 글을 쓰는 욕구, 글을 쓰고자 하는 갈증, 의욕, 열정, 그것이 그에게 있다고 하는 것, 이것을 통해서 그는 자신이 살아있다는 것을 의식했다는 것입니다.

글을 잘 쓰고 못 쓰고는 두 번째 문제고, 자신이 글을 쓰고자 하는 욕구, 갈증, 의욕, 이것이 살아있을 때 그는 자기 자신이 살아있는 것을 확인한 것입니다. 만약 그 욕구가 사라진다면 그는 더 살아있는 존재가 아니라고 말을 하고 있습니다. 저는 이 말이 우리의 신앙에 그대로 통하는 말이라고 생각합니다.

우리가 하나님을 잘 믿고, 못 믿고, 이것을 떠나서 하나님을 향한 의욕, 하나님을 향한 영적인 갈증, 하나님께 가까이 나아가고 싶은 마음, 열정, 이러한 것들이 사라지는 순간, 하나님 백성들은 살아있으나 사실은 죽은 것입니다.

우리 안에 하나님을 향한 영적인 의욕, 하나님께 나아가고 싶은 열정이 우리 속에 그대로 살아있습니까?

내가 믿음 생활을 잘하고, 못하고, 이것은 두 번째 문제고 일단 내 속에 하나님을 향한 갈증이 살아있습니까?

하나님의 백성들에게 가장 자연스러운 현상이 하나 있다면 그것은 하나님을 향한 갈증을 앓는 것입니다. 마치 어린 아이가 엄마에게 가려고 하는 것, 이것은 어떤 특별한 현상이 아니고 가장 자연스러운 현상입니다. 이것은 아이를 교육하고, 가르쳐서 되는 것이 아니고, 본능이며, 가장 자연스러운 현상이라는 것입니다.

만약 정상적인 갓난아이라면 엄마의 젖을 먹고자 하는 욕구가 솟구치는 것은 너무나도 자연스러운 것입니다. 만약 아이가 엄마의 젖을 먹으려고 하지 않고, 엄마의 품으로 가지 않는다면 이것은 무슨 문제가 있는 것입니다.

거듭난 하나님 백성들에게 있어서 가장 자연스러운 현상은 하나님을 향해서 끌리는 것입니다. 마치 자석을 가만히 두어도 서로 이끌리는 것처럼, 정상적인 하나님 백성들은 그냥 가만히 두어도 자연스럽게 하나님을 향해서 마음이 이끌리게 되어 있다는 것입니다.

그런데 만약 이 영적인 욕구, 이런 현상들이 우리에게 지금 살아있지 않고 이 의욕 자체가 없어져 버렸다면 다시 말해서 전혀 하나님께 가까이 나아가고 싶은 욕구 자체가 없다면 이것은 심각한 것입니다. 이것은 영적으로 병이 들었던지, 아니면 아직 거듭난 하나님 백성이 아니든지, 둘 중의 하나일 것입니다.

오늘 학개 선지자의 말씀을 듣고 있는 유다 백성들의 문제는 바로 이것이었습니다. 그들은 하나님을 잘 믿고 못 믿고의 문제가 아니고, 일단 그들은 하나님을 향한 영적인 갈증 자체를 잃어버렸습니다. 의욕이 없어졌습니다. 마치 입맛을 잃어버리면 전혀 먹고 싶지 않은 것처럼 하나님을 향한 영적 갈증 자체가 없어진 것입니다.

하나님께 가까이 나아가고 싶은 생각이 없어진 것입니다. 영적 의욕을 잃어버릴 때 하나님 백성들의 삶에 나타나는 현상이 무엇일까요?

그것은 삶의 우선순위가 뒤죽박죽되어 버립니다. 유다 백성들의 삶은 지금 우선순위가 뒤죽박죽되어 버렸습니다. 그러면, 유대 백성들의 형편이 어떤지 좀 더 구체적으로 살펴보겠습니다.

학개 1장 1-2절 말씀입니다.

[학 1:1] 다리오왕 제2년 여섯째 달 곧 그 달 초하루에 여호와의 말씀이 선지자 학개로 말미암아 스알디엘의 아들 유다 총독 스룹바벨과 여호사닥의 아들 대제사장 여호수아에게 임하니라 이르시되.

[학 1:2] 만군의 여호와가 이같이 말하여 이르노라 이 백성이 말하기를 여호와의 전을 건축할 시기가 이르지 아니하였다 하느니라.

학개서 1장을 펴면 성전 건축에 대한 말씀이 눈에 먼저 들어오기 때문에 우리가 건축헌금을 모을 때 학개서 말씀을 많이 사용합니다. 그러나 이 말씀은 반드시 예배당 건축을 위해 인용하는 말씀이 아닙니다. 또 오늘 우리가 이 말씀을 보는 것도 건축을 위해서 보는 것도 아닙니다.

구약 시대 성전 건축을 오늘날 신약 시대의 예배당 건축과 직접 연결할 수가 없습니다. 왜냐하면, 구약 시대의 성전 건축은 신약 시대의 예배당과 반드시 같은 의미라고 보기 어렵기 때문입니다. 오늘날의 이 예배당은 구약 시대의 성전과는 좀 다릅니다. 구약 시대 성전은 하나님의 임재 그 자체를 상징했습니다.

그러나 오늘 신약 시대 하나님은 예배당만이 아니라 어느 곳에나 임재하시기 때문입니다.

이 상황을 좀 더 살펴보면 지금 유다 백성들은 바벨론 포로에서 방금 돌아온 사람들입니다. 모세와 함께 출애굽했던 이 하나님 백성들, 이스라엘은 다윗과 솔로몬 시대를 거쳐서 남과 북으로 쪼개집니다.

북이스라엘은 BC 722년, 앗수르에 의해서 멸망을 하고, 남유다는 그 후로 한 140년을 지속하다가 바벨론 제국에 의해서 멸망합니다. 북이스라엘은 돌아오지 못했지만 남유다에는 하나님의 약속이 있었습니다. 그래서 70년의 포로 생활을 마치고 나서 바벨론에서 예루살렘으로 귀환하여 다시 돌아왔습니다.

그때가 BC 538년경입니다. 유다 백성들은 70년이라는 긴 포로 생활을 하고 나서 다시 꿈을 안고 예루살렘으로 돌아왔습니다. 이것은 참으로 감격스러운 일입니다. 그래서 시편을 보면 그들이 다시 돌아올 때, 마치 꿈꾸는 것 같았다라고 했습니다. 그만큼 감격스러운 귀환이었습니다.

그들이 꿈을 안고 다시 돌아왔을 때 그들이 제일 먼저 했던 일이 무엇일까요?

그것은 성전을 다시 짓는 일이었습니다. 왜냐하면, 하나님의 말씀에 그들이 과거에 포로로 끌려간 것은 그들이 국방력, 경제력이 약해서가 아니고, 하나님을 믿는 신앙을 버렸기 때문이라는 것을 그들이 깨달았기 때문입니다. 그들은 뼈에 사무치도록 알았습니다.

그래서 다시는 이 수치를 당하지 않으리라고 외칩니다. 그리고 돌아와서 가장 먼저 했던 일이 하나님의 임재 자체를 상징하는 성전을 짓는 것이었습니다. 하나님이 우리와 함께 계셔야 한다는 것을 절실히 안 것입니다.

하나님! 우리 가운데 다시 오시옵소서.

그래서 성전을 지었습니다.

이것은 분명히 믿음의 결단이었고, 신앙의 결단이었습니다. 왜냐하면, 이것은 쉬운 일이 아니었기 때문입니다.

왜 그렇습니까?

그들이 다시 돌아온 예루살렘은 예전의 예루살렘이 아니었기 때문입니다. 예루살렘 성전은 폐허더미가 되었습니다. 어디서부터 다시 일으켜야 할지 막막했습니다. 그런데 문제는 그렇게 막막한 가운데 시작했던 성전 건축이 중단된 것입니다.

본문 1절에, 다리오왕 2년 이렇게 되어 있습니다. 다리오왕 2년은 BC 522년입니다.

BC 538년에서 BC 522년까지 중단이 되었으니까 무려 15년 동안이나 성전을 건축하지 못하고 손을 완전히 놓고 있었습니다. 그래서 하나님은 학개를 통해서 다시 성전을 지으라고 하셨습니다.

돌아온 유다 백성들에게 성전 건축이 중단된 이유가 무엇이었을까요?

가장 직접적인 것은 사마리아 사람들의 방해 공작 때문에 이였습니다. 사마리아 사람들은 유대인과 이방인의 혼혈족인데, 이들이 성전 건축을 집요하게 방해했습니다. 사마리아 사람들은 그 당시 페르시아 왕에게 유대인들이 돌아와서 지금 반역을 꾀하고 있다고 모함하였습니다.

쿠데타를 일으켜 페르시아 제국을 어지럽히려고 하고 있다는 것입니다. 당시 페르시아의 고레스라는 절대적인 왕이 죽은 가운데 페르시아의 정세가 굉장히 불안정했기 때문에 이 모함이 받아들여져서 공사가 중지되어 졌습니다.

그뿐만 아니라 다른 이유도 있습니다. 그것은 유다 백성들이 꿈을 가지고 돌아왔지만 먹고 사는 일이 참으로 막막했습니다.

그리고 주위의 사마리아 사람들이 돌아온 유대인들을 대단히 싫어했습니다. 속된 말로 어디서 거지와 같은 사람들이 나타나서 갑자기 자기 땅을 돌려달라고 하니 좋아할 리가 없습니다. 그런 와중에 가뭄은 또 계속되어서 그들은 너무나도 힘이 들었습니다. 이렇게 해서 무려 15년 동안이나 성전 재건이 중지되었습니다.

경제적으로 힘이 들고, 주위 사람들이 그렇게 싫어하고, 특히 정치적으로 오해를 받아서 공사 중지 명령이 내려졌다고 합시다.

그렇다면 그들이 성전 재건을 못 하는 것이 당연한 것 아니겠습니까?

지을 수 없는 상황이 아닙니까?

분명히 지을 수 없는 상황인데, 오늘 하나님은 왜 학개 선지자를 통해서 그들을 책망하시는 것일까요?

하나님이 오늘 이 말씀을 하는 것은, 그들이 할 수 없는 일을 억지로 밀어붙이려고 말씀하는 것이 아닙니다. 그런 뜻이 아닙니다. 문제는 지금 성전 재건이 중단된 지가 이미 15년이 흘러버렸습니다. 잠깐 중단될 수는 있지만 무려 15년이 지났음에도 불구하고 누구 하나, 다시 한번 성전 재건을 시도해볼 생각을 하는 사람이 단 한 사람도 없는 것입니다.

하나님이 지금 그들의 상황을 모르는 바가 아닙니다. 그러나 하나님이 지금 보고 계신 것은 그들의 중심이었고 그들의 마음이었습니다.

무슨 말입니까?

그들의 마음이 하나님을 떠나버린 것입니다. 다시 말해서, 그들이 여러 가지 어려운 형편 속에서 성전을 재건하는 어려운 일을 만난 것을 하나님도 다 알고 있었습니다. 그런데 문제는 하나님 백성들이 이 어려운 형편 속에서 무려 15년을 그 자리에 눌러 앉아버린 것입니다.

하나님은 할 수 없는 것을 그들에게 억지로 하라는 것이 아니었습니다. 문제는 그들이 이 어려운 상황 속에서 영적으로 그냥 잠적하여 버린 것입니다. 그냥 주저앉아 버린 것입니다. 나중에는 할 수 있는 상황이 되었는데도 불구하고, 할 생각을 하지 않습니다.

왜 그렇습니까?

문제는 영적인 의욕 자체가 없어져 버렸습니다. 쉽게 말하면 하고 싶지가 않았습니다. 영적 갈증 자체가 없어져 버렸습니다.

그 증거가 무엇입니까?

학개 1장 4절 말씀입니다.

> [학 1:4] 이 성전이 황폐하였거늘 너희가 이때 판벽한 집에 거주하는 것이 옳으냐.

판벽한 집, 이 판벽한 집이 어떤 집인가 하면 벽과 집이 아주 잘 갖추어진 집입니다.

무슨 말입니까?

자기들은 벽과 집이 잘 갖추어진 곳에 거하면서도 하나님 나라를 향한 갈증, 열망, 의욕, 욕구는 다 사라져 버린 것입니다. 이제는 하나님께 나아가고 싶지가 않은 것입니다.

유다 백성이 처음 포로에서 돌아왔을 때 엄청난 폐허 덩어리, 심하게 말하면 엄청난 쓰레기 더미와 같은 곳에 부딪혔습니다. 성전을 다시 짓겠다고 한번 결심은 했는데, 사정이 만만치가 않습니다. 하나님을 다시 우리 중심에 모셔야 되겠다라고 한번 결심을 해봤는데 사정이 만만치가 않습니다. 먹고 살기도 힘들고 방해하는 사람들도 많았습니다.

그런데 그때 페르시아 제국에서도 공사를 못 하게 합니다. 유다 백성들은 처음에는 마음이 좀 안타깝다가, 시간이 지나니까 속으로는 '잘 됐다. 안 그래도 먹고 살기도 힘든데…' 지금 공사 못 하는 현실이 오히려 잘되었다고 생각을 하는 것입니다. 물론, 겉으로는 절대 말하지 않습니다.

그러나 속으로 '아이고, 잘 됐다. 일단 내가 먹고살고 보자. 신앙이고 뭐고, 하나님을 중심에 모시고 뭐고, 일단 내가 살고 보자.'

그러면서 겉으로 그들이 내건 구호가 무엇입니까?

"여호와의 전을 건축할 시기가 이르지 아니하였다 하느니라."

예를 들면, 주일 아침에 일어나서 예배드리기가 귀찮고 예배드리러 가기가 싫습니다. 그런데 차를 몰고 길에 딱 나와 보니 마침 마라톤 대회를 한다고 길을 막고 통제를 하고 있습니다.

그때 겉으로는 안타까워하는 것 같은데, 속으로는 아이고, 잘됐다고 생각을 합니다. 겉으로 말은 하지 않습니다.

겉으로는 안타까워하는 것 같으면서도 입가에는 벌써 미소가 떠오를 때, 그때 하는 말이 무엇입니까?

"오늘은 예배드릴 때가 이르지 아니하였다 하느니라."

"여호와의 전을 건축할 시기가 이르지 아니하였다 하느니라."

그런데 무려 15년이 지났는데도 유다 백성들의 구호는 변함이 없습니다.

"여호와의 전을 건축할 시기가 이르지 아니하였다 하느니라."

그러면서도 자기 집은 완벽하게 꾸미고 사는 것입니다.

바로 이 15년 동안 문제는 유다 백성들의 영적인 갈증 자체가 다 말라버린 것입니다. 영적인 의욕, 영적인 욕구 자체가 다 말라버렸습니다. 하나님을 향한 갈증 자체가 없어져 버린 것입니다. 이제 하나님께 나아가고 싶은 생각이 들지 않습니다.

이걸 도대체 어떻게 치료하면 좋습니까?

예배가 귀찮습니다. 기도하는 것도 귀찮습니다. 다 귀찮아진 것입니다. 하나님이 지금 보고 계신 것은 그들의 마음이었고, 그들의 중심이었습니다. 중심이 하나님 앞에서 틀려먹었습니다. 마음이 틀려먹었습니다. 그들의 마음, 중심이, 하나님의 가슴을 너무나도 아프게 한 것입니다.

하나님 백성이 이렇게 영적으로 병이 들 때 다시 말해서, 영적인 갈증 자체가 말라버리고, 영적인 의욕 자체가 말라버릴 때, 그때 그들의 삶에 나타나는 가장 큰 특징이 무엇인지 아십니까?

그것은 그들의 삶의 우선순위가 엉망진창이 되어버리는 것입니다. 그래서 무엇이 중요한지를 모르는 것입니다.

포로에서 돌아온 유다 백성들, 그들의 삶의 가장 우선순위, 첫 번째가 무엇이 되어야 했습니까?

하나님의 임재를 가장 먼저 붙들어야 합니다. 하나님과의 교제가 다시 살아나야 합니다. 예루살렘 성전이 폐허더미로 변했지만, 다른 것은 일단 다 내려놓고 하나님과 교제의 문을 활짝 열어야 합니다.

그들에게는 이것이 성전을 다시 짓는 것이었습니다.

하나님과의 교제의 문을 활짝 열어놓는 것, 이것이 그들에겐 가장 급선무였습니다. 그리고 나서 자기 집도 돌보고, 공부도 열심히 하고, 사업도 하고, 나머지 모든 일을 다해야 합니다 . 이렇게 해야 합니다. 이렇게 하면 그들의 삶은 꽉 차고 풍성해집니다.

그러나 돌아온 유다 백성들은 어떻습니까?

우선순위에 혼돈이 오고 말았습니다. 무엇이 지금 중요한지를 모르고 있습니다. 그래서 가장 중요한 것을 내팽개치고, 나머지를 가지고 씨름을 하고 있습니다.

그 결과가 무엇입니까?

겉으로는 판벽한 집에 편안하게 거하는 것 같지만 실제로는 만족이 하나도 없습니다. 먹어도 만족이 없습니다. 좋은 옷을 입었는데도 만족이 없습니다.

학개 1장 6절 말씀을 보세요.

> [학 1:6] 너희가 많이 뿌릴지라도 수확이 적으며 먹을지라도 배
> 부르지 못하며 마실지라도 흡족하지 못하며 입어도 따뜻하지 못
> 하며 일꾼이 삯을 받아도 그것을 구멍 뚫어진 전대에 넣음이 되
> 느니라.

삶의 우선순위가 뒤바뀌고 나니까, 아무리 좋은 것을 입에 넣어도 배가 부르지 않습니다. 만족이 되지 않습니다. 마셔도 갈증이 해갈되지 않습니다. 아무리 좋은 구스 옷을 입어도 따뜻하지 않습니다. 열심히 일해서 삯을 받았는데, 전대에 구멍이 뚫어져서 다 흘러가 버린 것입니다. 쌓이지 않는 것입니다.

만약 그들이 먼저 붙들어야 할 것을 진짜 붙들었다면 그들은 그렇게 좋은 음식을 못 먹어도 살이 찌고, 물을 마시지 않아도 갈증이 해갈되며, 적게 벌어도 통장에 잔액이 팍팍 쌓였을 것입니다. 그리고 중심이 꽉 찬 느낌을 받았을 것입니다. 삶이 풍성해 졌을 것입니다.

만약 그들이 하나님의 성전에 먼저 마음이 가 있었다면, 하나님의 임재를 회복하는 것에 먼저 마음이 가 있었다면 이것이 가장 첫 번째라고 생각하고 있었다면, 그들은 적게 먹어도 배가 부르고, 설사 그렇게 좋은 옷을 입지 않아도

따뜻하고, 삶의 하루하루가 잔치하는 것 같은 그런 만족을 느꼈을 것입니다. 마치 컵에 물이 흘러넘치는 것 같은 그런 역사가 삶에 나타났을 것입니다.

그러므로, 하나님 백성들의 정상적인 삶은 잔치하는 삶입니다. 흘러넘쳐야 합니다.

그래서 예수님이 이 땅에 오셔서 가장 먼저 행하신 표적이 무엇입니까?

가나의 혼인 잔치에서 물을 포도주로 바꿔버렸습니다.

이것이 무엇입니까?

하나님 나라의 특징을 단 하나로 우리에게 보여주고 있습니다. 잔치입니다. 하나님 백성들이 우선순위가 바로 서게 되면, 날마다 그 속에서 잔치하는 것과 같은 삶을 살게 된다는 것입니다. 이것이 정상입니다. 내 배에서 생수의 강이 흘러넘치고, 내가 정말 이렇게 행복해도 괜찮은지 의심스러울 정도로, 정말 충만하고 흘러서 넘쳐버립니다.

언제 말입니까?

우선순위를 바로 붙들 때입니다. 삶이 어지럽거나 혼란스럽지 않습니다. 깨끗하게 삶이 자동으로 정리되게 되어 있습니다.

만약 유다 백성들이 영적으로 건강하고 정상적이었다면 그들이 성전 재건을 내팽개쳤을 때, 나머지 모든 일이 잘 안되는 것이 정상이었습니다. 돈 버는 일, 공부하는 일, 자기 집 짓는 일, 이 모든 일이 안 되는 것이 정상입니다.

정상적인 하나님 백성들은 영적인 우선순위가 잘못되어 버리면, 나머지는 일이 안되는 것이 정상입니다.

정말 그렇지 않습니까?

돌아온 유다 백성, 그런데 그들은 영적으로 병들어 있으니까 그런 것이 없습니다. 그들은 영적인 것의 채움을 받지 못하면서도, 그냥 열심히 사는 것입니다.

그러나 그 삶이 어떻습니까?

마치 밑 빠진 독에 물을 붓는 식입니다. 구멍 뚫어진 전대에 돈을 넣는 식입니다. 오늘 하나님은 그들에게 말씀하십니다.

"너희는 너희의 행위를 살필지니라."

무슨 말입니까?

오늘 너희들 다 치료받으라는 것입니다. 일어나라는 것입니다. 영적으로 깨어나라는 것입니다. 일어나라, 정신을 차리라. 너희들의 문제가 무엇인지를 다시 정확하게 바라보라는 것입니다.

너희들은 지금 병들어 있으며, 다시 말씀으로 치료받고, 너희들이 영적으로 우선순위를 바로 세우기만 하면 잔치하는 삶, 정말 꽉 찬 삶, 불같은 인생이 될 수 있다고 이야기하고 있는 것입니다.

유다 백성들을 보면서 우리가 기억해야 할 것은 이 땅에서의 행복은 행복 자체를 쫓아간다고 해서 잡히는 것이 아니라는 것입니다. 그들은 행복 자체를 쫓아가고 있었습니다. 그러나 하나님이 말씀하시는 것은 "행복을 쫓아간다고 해서 행복이 손에 잡히는 것이 아니다, 하나님을 붙들면 행복은 어느새 너의 손에 들어와 있으리라"는 것입니다.

돈을 쫓아간다고 해서 돈이 잡힙니까?

하나님을 잡으면 필요한 돈이 내 손에 들어와 있습니다. 한상복 씨가 쓴 『한국의 부자들』이라는 책이 있습니다.

책의 요지는 한국의 진짜 부자들은 돈을 쫓아다니지 않았고 돈을 보고 달린 사람들이 아니라고 이야기 합니다.

영적으로도 마찬가지입니다.

우리 가정은 행복해야 해.

그렇게 한다고 해서 우리 가정에 행복이 옵니까?

행복을 따라다닌다고 해서 행복이 오지 않습니다.

먼저 잡아야 할 것이 무엇입니까?

하나님을 잡으면 행복은 어느 순간 내 손에 잡히게 되어 있습니다. 우리 주님께서 지금 그 말씀을 하고 있습니다. 유다 백성들이 혼동하고 있는 것이 바로 이것입니다. 우리가 이사할 때, 가장 먼저, 장롱이라든지, 침대라든지, 이러한 것들의 자리를 잡아두면 나머지는 시간이 지나면 저절로 다 정리되게 되어 있습니다. 큰 것만 자리를 먼저 잡아

놓으면 그냥 살아도 됩니다. 그냥 자도 됩니다. 시간이 지나면 저절로 다 자리를 잡게 되어 있습니다.

그런데 만약 장롱이나, 침대 같은 것이 거실 한 가운데 어지럽게 놓여 있는데, 작은 것들, 숟가락, 액세서리, 머리빗, 이런 걸 붙들고 정리한다고 해서 그것이 정리될까요?

정리될 턱이 있나요?

아무리 붙잡고 정리하고 닦고 해도 정리가 안 되게 되어 있습니다. 중요한 것을 먼저 자리 잡아놓으면 나머지는 전부 다 정리되게 되어 있습니다. 돌아온 유다 백성들도 마찬가지였습니다. 하나님의 임재를 회복하고, 하나님을 중심에 모시는 것, 이것이 딱 자리를 잡게 되면 그들의 삶은 자동으로 정리가 되게 되어 있습니다.

오늘 우리 가운데 이런 상황에 놓여 있는 분은 없습니까?

이렇게 밑 빠진 독에 물 붓는 인생은 없습니까?

오늘 한번 제대로 다시 한번 세워보지 않으시렵니까?

다시 기도하고, 다시 예배를 바로 드리고, 다시 말씀을 보고, 다시 전도하고, 하나님을 내 삶의 중심에 정확하게 모시면 우리의 나머지 삶은 다 정리가 됩니다.

다윗을 보십시오. 다윗이 위대한 것이 다른 것이 아닙니다. 다윗은 이 부분에서 정확했습니다. 사무엘하 5장에 보면 다윗은 통일 이스라엘 왕국의 왕이 됩니다. 명실공히,

통일 이스라엘 왕으로 등극을 하고 여부스 사람에게서 수백 년 동안 수치였던 예루살렘을 다시 취하고, 블레셋을 이기고, 다윗은 승승장구했습니다.

통일 이스라엘 왕국이 영광스럽게 일어나려고 하고 있습니다. 그때 사무엘하 6장에 보면 다윗은 왕이 되고 난 뒤에 제일 먼저 했던 것이 바로 하나님의 법궤를 예루살렘에 모셔 들였습니다. 하나님의 법궤가 예루살렘에 들어올 수 있도록, 큰 군대를 이끌고, 하나님의 법궤를 모십니다. 그리고 그 앞에서 기뻐 뛰며 춤을 춥니다.

이것이 의미하는 것이 무엇입니까?

이것이 바로 다윗의 믿음입니다.

어떤 믿음입니까?

하나님의 법궤가 들어오지 않으면 이 통일 이스라엘 왕국의 승승장구는 아무 의미 없다는 것입니다. 다른 것은 전부 뒷순위에 불과하고, 하나님의 법궤, 즉 하나님의 임재가 없으면, 하나님이 함께 하지 않으면, 통일 이스라엘 왕국은 아무런 소용이 없다는 것입니다. 하나님의 임재, 하나님이 중심에 오시는 것, 이것이 가장 중요하고, 여기에서부터 출발해야 합니다. 이 우선순위를 정확하게 붙들고 있어야 합니다. 이것이 아니면, 경제력도 국방력도 다 소용없습니다.

다윗은 혼동하지 않았습니다. 다윗에게는 우선순위가 분명했습니다. 하나님의 임재, 하나님과 교제하는 것, 영적인 교통이 일어나는 것 없이는 이스라엘에는 아무런 의미가 없고, 이것이 있다면 다른 모든 것이 되게 되어 있다는 것입니다. 실제로 다윗의 삶에 하나님은 다른 모든 것을 다 정리해 주셨습니다. 오늘 하나님이 유다 백성들에게 도전하고 있습니다.

"너희는 너희의 행위를 살필지니라."

하나님이 오늘 우리에게 도전하고 있습니다.

너희는 너희의 행위를 살필지니라

우리는 우리의 삶에 우선순위가 분명합니까?

바로 서 있습니까?

아니면 병들어 있습니까?

하나님 백성들은 하나님과 막힘없는 교통이 되어야 하고 하나님의 임재가 분명하게 내 손에 잡히고, 은혜가 있으면 나머지 삶은 정말 두려울 것이 없습니다. 정말 무슨 일을 만나도 다 감당할 수 있습니다. 설사 실패해도 실패가 두렵지 않습니다. 사업을 해도 자신이 있고, 공부해도 자신이 있습니다. 우선순위가 바로 세워진 사람들이 바로 그런 모습입니다.

그러나 반대로 우선순위가 뒤바뀐 사람들은 어떻습니까?

아무것도 아닌 일에 염려합니다. 아무것도 아닌 일에 집착합니다. 별것 아닌 말에 사로잡혀서 모든 것이 엉망입니다.

　유다 백성들이 15년의 세월이 지나면서 하나님을 향한 영적인 의욕이 말라버렸습니다. 15년 동안 영적인 일에 관심이 없었습니다. 그 결과 성전은 방치되었습니다. 하나님을 다시 만나고 싶지 않습니다. 다 귀찮아졌습니다. 예배도 귀찮고, 기도도 귀찮아진 것입니다.

　오늘 우리 가운데 이런 병에 걸린 사람이 없습니까?

　삶에 파묻혀 영적인 갈증이 말라버리진 않으셨습니까?

　하나님이 이 말씀을 하시는 것은 오늘 지금, 여기서 치료받으라는 것입니다. 일어나라는 것입니다. 왜냐하면, 그렇게 살면 밑 빠진 독에 물 붓는 인생, 구멍 뚫린 전대에 돈을 넣는 삶을 살 수밖에 없다는 것입니다.

　오늘 죽었던 영적인 감각이 다시 깨어나게 합시다. 그래서 삶의 우선순위가 다시 한번 바로 세워지게 합시다. 제일 먼저 교회를 생각합시다. 제일 먼저 기도합시다. 제일 먼저 말씀을 붙듭시다. 우선순위가 바로 서면 사는 것이 두렵지 않습니다.

　가스펠 가사입니다.

　　운명이여 오라,

　　나 두렵지 아니하리.

두렵지 않고 담대한 삶을 살게 됩니다.

제2장

말씀에 대한 반응
(학개 1:7-15)

우리의 신앙이라고 하는 것은 "하나님과 친밀한 사귐이다" 라고 정의할 수 있습니다. 하나님과 친밀한 사귐, 이것이 우리의 신앙입니다. 우리의 신앙에는 하나님과 아주 친밀하고, 정말 애틋한, 그런 하나님과의 사랑의 관계, 사귐의 관계, 그것이 우리 신앙의 특징입니다.

믿음이 좋은 사람들, 믿음의 선배들의 글들을 읽어보면 그들은 하나님과 너무 친밀했고, 너무나도 가까웠고, 아주 따뜻한, 그런 사귐을 나누었던 것을 볼 수 있습니다. 예를 들면, 현재 미국에서 잘 알려진 기독교 영성 작가 중에 게리 토마스라는 분이 있습니다. 이분의 글을 보면 이분의 스승 되는 제임스 휴스턴이라는 박사가 있는데, 게리 토마스가 자기 스승에 관한 이야기를 들려주고 있습니다.

제임스 휴스턴 박사를 게리 토마스가 처음 봤을 때 그는 정말 건장하고, 투박하고, 대단히 남성적인 그런 분이었다고 합니다. 어느 모로 보나, 첫인상이 섬세함은 전혀 없었다는 것입니다. 그런데 자기의 스승이 강의 시간에 그가 아는 하나님을 소개하고, 자신의 신앙에 대해서 말할 때, 게리 토마스가 굉장히 감동하였다고 합니다. 아주 섬세한 감동, 놀라운 은혜가 있었다고 말하고 있습니다.

자기의 스승이 말하는 것이 무엇인가 하면, '하나님과 나의 관계는 손을 잡고 지내는 관계다'라고 이야기를 하더라는 것입니다. 그러면서 자기의 스승이 이런 이야기를 했다고 합니다.

"두 연인이 오직 서로의 눈빛만 쳐다보아도 전부 다 아는 것처럼, 우리도 사랑으로 우리 하나님 아버지를 응시하면 심령의 깊은 기쁨을 누리는 것이다."

그렇게 우리의 신앙을 정의하더라는 것입니다.

연인이 서로 눈빛만 쳐다보아도 서로를 다 아는 것처럼 우리도 사랑으로 우리 하늘 아버지를 응시하면, 심령이 충만한 기쁨을 누릴 수 있는 이것이 하나님과 우리 사이의 관계라고 정의를 내리고 있습니다.

제임스 휴스턴 박사는 하나님과 관계를 이렇게 친밀하게 설명을 했고, 그 자신이 이런 친밀한 사랑을 누리고 있었다고 말하고 있습니다. 사랑을 누리고 있는 사람들은 다른 어떤 무엇으로도 설명할 수 없는, 그 힘과 행복이 그 속을 꽉 채우고 있습니다.

그래서 노총각이 사랑에 빠지면 슈퍼맨이 된다는 말이 있습니다. 그 사람 속에 만족과 뜨거운 것이 그의 마음을 꽉 채우고 있으므로, 먹지 않아도 배가 고프지 않고, 뛰어다니면서 일을 해도 지치지 않습니다.

어떤 형제가 하는 고백을 들은 적이 있습니다. 그 형제가 하는 말이 자기가 늘 마음에 두고 있었던 자매가 있었는데 자기가 먼저 접근을 하지도 않았는데, 그 자매가 자기에게 사랑한다는 고백을 하더라는 것입니다. 그 말을 듣고 그 형제가 밤에 한숨도 잠을 못 자고 정말 뜬눈으로 밤을 새웠다는 것입니다. 그리고 아침에 출근하는데 하나도 피곤하지가 않더라는 것입니다.

왜 그렇습니까?

그 속에 이 만족한 사랑이 그를 꽉 채우고 있었기 때문입니다.

하나님과의 사랑이 깊은 사람은, 이 정도를 훨씬 더 뛰어넘습니다. 무언가 충만한 만족이 우리의 마음을 꽉 채웁니다. 『가시고기』라는 소설이 있는데, 백혈병에 걸린 어린 아들과 아버지가 나누는 부자지간의 사랑을 다루고 있습니다. 여기 보면 이 어린 아들이 혼자서 이런 독백을 하고 있습니다.

'내가 이 세상에서 사랑하는 사람은 아빠뿐입니다. 그리고 아빠가 사랑하는 사람도 오직 나뿐입니다.'

우리도 하나님 앞에서 이런 고백을 할 수 있어야 합니다. 내가 이 세상에서 사랑하는 사람은 아빠뿐이고, 아빠가 이 세상에서 사랑하는 사람도 나뿐입니다. 하나님과 친밀한 사랑, 사귐의 사랑에 들어간 사람들은 이런 고백을 할 수 있다는 것입니다.

그러므로 하나님과 친밀한 사귐 속에 있는 사람은 적게 먹어도 배가 부르고, 좋은 것을 입지 않아도 따뜻하고, 조금 마셔도 흡족하고, 잠을 자지 못해도 피곤을 잊어버립니다. 왜냐하면, 그 속에 하늘의 만족이 그를 꽉 채우고 있기 때문입니다.

여기 있는 우리 모두가 지금 서 있어야 할 자리는 바로 이런 자리입니다. 우리와 하나님 사이의 관계가 이 정도로 친밀한 관계이며, 만족한 사귐이며, 그 사귐 속에는 힘이 있고 만족이 있습니다.

이 사귐 때문에 정말 살 맛이 나는 것입니다. 그에게는 이 세상의 모든 것이 긍정적으로 보입니다. 하늘을 봐도, 나무를 봐도, 다 나를 향해 웃고 있습니다. 하나님을 만난 성도의 고백, 산천도 초목도 새것이 되었고, 세상의 모든 것이 새롭게 보이는 것입니다. 모든 것이 만족스럽습니다. 적게 가져도 가진 자가 부럽지 않습니다.

왜 그렇습니까?

하나님 한 분을 소유했기 때문에 다 가진 자입니다.

시편 23편 1절의 고백이 바로 이런 고백입니다.

[시 23:1] 여호와는 나의 목자시니 내게 부족함이 없으리로다.

리빙 바이블로 다시 읽어 보겠습니다.

여호와가 나의 목자시기 때문에 나는 아무것도 필요 없습니다.

우리가 서 있어야 할 자리가 바로 이 자리입니다.

바벨론에서 돌아온 유다 백성들의 문제가 무엇입니까?

그들은 지금 이 자리하고 정반대 자리에 서 있습니다. 그들을 보십시오.

학개 1장 6절 말씀입니다.

[학 1: 6] 너희가 많이 뿌릴지라도 수확이 적으며 먹을지라도 배부르지 못하며 마실지라도 흡족하지 못하며 입어도 따뜻하지 못하며 일꾼이 삯을 받아도 그것을 구멍 뚫어진 전대에 넣음이 되느니라.

이들은 지금 정반대의 자리에 서 있습니다. 마치 자동차에 엔진을 켜 놓고 공회전을 하고 있는 것입니다. 엔진이 돌아가고 기름이 소모되는데 자동차는 단 1미터도 전진하지 못하고 있습니다. 에너지는 쓸데로 다 쓰면서 실제로 공회전하는 인생이라는 것입니다. 돌아온 유다 백성들의 인생이 바로 그런 인생입니다.

하나님이 오늘 학개 선지자의 말씀을 통해서 하시는 말씀이 무엇인가 하면, 너희는 거기서 다시 돌아오라는 것입니다. 너희들이 서 있어야 할 자리, 놀라운 자리, 이 만족의 자리, 그 자리로 다시 돌아오라고 합니다.

유다 백성들은 이 말씀을 들으면서 어떻게 생각했을까요?

돌아가고 싶었을 것입니다. 학개의 능력의 말씀을 들으면서 그들도 바로 그 자리로 돌아가고 싶었을 것입니다. 적게 먹어도 배가 부른 자리, 조금 마셔도 갈증이 없는, 이 만족한 자리로 돌아가고 싶었을 것입니다.

그런데 문제가 무엇입니까?

그들에게는 돌아갈 힘이 없습니다. 자신감을 다 잃어버렸습니다. 돌아가야 하는 것은 머리로는 알겠는데 지금 자기들에게는 돌아갈 힘이 없다고 생각하고 있는 것입니다.

혹시 이것이 우리의 모습이 아닐까요?

돌아가야 한다는 것은 알겠는데 돌아갈 힘이 없습니다. 다시 말해서 돌아온 유다 백성들에게 있어서는 성전을 지어야 하는 것은 알겠는데 지금 너무 멀리 와버렸습니다. 그래서 어떻게 해야 할지를 도무지 모르는 것입니다. 그 옛날 솔로몬 성전을 생각해보니까, 도무지, 자신이 없는 것입니다. 이미 15년 동안 믿음을 손에서 놓아 버렸습니다. 이미 15년 동안 믿음 없이 살았습니다.

그래서 돌아가야 하는 것은 알지만 돌아갈 힘이 없는 그들에게 오늘 하나님이 무엇이라고 말씀하십니까?

하나님이 주시는 말씀이 무엇입니까?

학개 1장 8절 말씀입니다.

> [학 1:8] 너희는 산에 올라가서 나무를 가져다가 성전을 건축하라 그리하면 내가 그것으로 말미암아 기뻐하고 또 영광을 얻으리라 여호와가 말하였느니라.

하나님이 그들에게 명령하시는 것이 무엇입니까?

힘이 없다고 생각한 그들에게 명령한 것이 무엇입니까?

"너희는 산에 올라가서 나무를 가져다가 성전을 건축하라."

어떻게 보면 너무 당연한 말씀 아닙니까?

성전을 건축하려면 당연히 나무를 구해야 하고, 나무를 구하려면 당연히 산에 가야합니다.

그런데 하나님은 왜 당연한 말씀을 하실까요?

"산에 올라가서 나무를 가져다가 성전을 건축하라."

다 알고 있습니다. 그렇게 해야 하는 걸 다 알고 있습니다.

그런데 하나님이 이것을 강조하는 이유가 무엇입니까?

우리는 여기서 성경 주석가들의 도움을 받을 필요가 있습니다. 성경 주석가들은 여기서 산에 올라가서 나무를 가져오라는 것은, 여기 산이 특별한 산이 아니라는 것입니다. 다시 말해서, 첫 번째 성전을 지을 때, 솔로몬이 지은 성전은 레바논의 백향목을 사용했습니다.

여기 레바논의 백향목이라고 하는 것은 나무 중에 가장 진귀하고, 가장 비싼, 사용하기 어려울 정도로 비싼 나무가 레바논의 백향목이었습니다. 그래서 그 옛날 솔로몬의 성전은 너무나도 화려했습니다. 누구든지 입이 딱 벌어질 정도로 이 성전은 대단했고 영광스러웠습니다. 그것을 생각하니 하나님 백성들은 엄두가 나지 않는 것입니다.

그런데 하나님이 산에 올라가 나무를 가져오라고 말씀하시는 것은 그 옛날 솔로몬 성전처럼 지으라는 것이 아닙니다. 느헤미야 8장 15절에 보면 비슷한 말씀이 있습니다.

[느 8:15] 또 일렀으되 모든 성읍과 예루살렘에 공포하여 이르기를 너희는 산에 가서 감람나무 가지와 들 감람나무 가지와 화석류나무 가지와 종려나무 가지와 기타 무성한 나뭇가지를 가져다가 기록한 바를 따라 초막을 지으라 하라 한지라.

솔로몬 성전은 레바논의 백향목을 멀리서 운반해 와서 화려하게 성전을 지었습니다. 그러나 하나님이 지금 명령하는 것은 그것이 아니라는 것입니다. 그냥 평범한 산에 올라가서 너희들이 구할 수 있는 그 나무를 가지고 지으라는 것입니다. 비록 예전처럼 재료가 비싸지는 않지만 화려하지는 않지만 괜찮다는 것입니다.

그냥 산에 올라가서 그것을 가지고 지어라. 내가 그로 인하여 기뻐하고 또 영광을 얻으리라 나 여호와가 말하였느니라. 그 레바논의 백향목이 아니라도 나는 그것으로 인하여 영광을 얻고 기뻐한다는 것입니다.

다시 말하면, 너희들이 지금 할 수 있는 범위 안에서, 비록 대단하게 보이지 않아도, 초라해 보일지라도, 너희들이 할 수 있는 범위 안에서 하는 그 작은 시도를, 나는 귀하게 보리라는 것입니다. 중요한 것은 너희들이 하나님께 돌아가야 하겠다고 작정하면서 시도하라는 것입니다.

이 작은 시도, 이것이 중요한 것이고, 너희들이 만약 너희들이 할 수 있는 그 작은 시도를 하기 시작한다면, 나는 그것을 소중하게 생각해서 거기서 내가 영광을 받고 거기서부터 내가 놀라운 일을 행하겠다는 것입니다.

어느 아빠에게 아주 어린 딸이 있습니다. 이 딸이 아빠에게 생일 선물을 드리기 위해서 돈을 모읍니다. 가령 아빠에게 선물할 아이패드를 구매하기 위해서는 백만 원이 필요합니다. 그런데 아이가 모은 돈이 천 원입니다. 그러면서 아빠에게 천원을 내놓습니다. 아빠 이거 드릴테니 아이패드 사세요. 그때 아빠는 천 원을 보면서 감동을 받습니다. 나머지 99만 9천 원을 아빠가 직접 채워서, 이 아이의 꿈이 결국 이루어지게 됩니다.

오늘 하나님이 말씀하는 것은 너희들이 할 수 있는 작은 시도를 하라는 것입니다. 그러면 그 작은 시도 그것이 천원 밖에 안 되어도, 하나님은 그것을 통해서도 반드시 영광을 얻도록 하겠다는 것입니다.

우리가 반드시 기억해야 할 것이 있습니다.

그것이 무엇입니까?

그것은 학개 시대에 지을 이 성전이 결국 하나님의 목표물이 아니라는 것입니다. 하나님은 새로운 시대를 준비하셨습니다.

어떤 시대입니까?

이제는 눈으로 보이는, 손으로 지은, 성전 시대가 아니라 하나님이 그 영으로 직접 임하는 시대, 즉 신약 시대입니다. 예수그리스도를 통해서 사람들의 모든 죄가 드디어 용서를 받고 죄로 인해서 떠나셨던 그 하나님의 영이 다시 임하는 시대를 준비하고 있는 것입니다.

그래서 온 우주를 다시 한번 새롭게 하는 시대, 손으로 지은 성전이 아니라, 온 우주 전체를 하나님의 나라로 만들려고 하는 새로운 시대를 하나님이 준비하고 계십니다. 그래서 이제는 하나님의 영이 개인들에게 직접 찾아오십니다. 이 엄청난 시대를 준비하고 계십니다. 그러므로 학개 시대의 성전은 그것을 위한 준비였지, 목표가 아니었습니다.

그러므로 학개 시대의 성전은 이 엄청난 시대를 바라보게 하는 방향표지판과 같습니다. 고속도로를 달리다 보면 서울 100킬로라고 쓰여진 표지판과 똑같습니다. 표지판과 같은 역할이 학개 시대의 성전이었습니다. 그러므로 만약 너희들이 이 성전을 통해서 작은 일들을 이루면, 나는 이 작은 성전을 통해 앞으로 엄청난 시대를 준비하겠다는 것입니다.

그러므로 학개 시대의 이스라엘 백성들은 작은 성전을 준비하라는 것입니다. 그래서 하나님은 너희들이 아무것도 할 수 없다고 생각하지 말고 너희들이 할 수 있는 그 작은 일을 지금 하라고 말씀하십니다. 그 작은 일들을 통해서 내가 그것을 발판 삼아 엄청난 일을 이루어 가리라고 하십니다.

하나님은 우리의 능력을 다 알고 계십니다. 지금 포로에서 돌아온 유다 백성들이 솔로몬의 성전을 건축할 수 없다는 것을 하나님은 다 알고 계셨습니다. 지난 15년 동안 믿음도 다 잃어버렸습니다. 그들에게 남아 있는 힘이 없습니다. 그런데도 하나님이 그들에게 말씀하는 것은 너희들이 할 수 있는 그 작은 시도를 하기만 하면 그 위에 기름을 부으시고 나머지는 하나님이 다 채워주신다는 것입니다.

그래서 너희들이 할 수 있는 작은 시도를 하라고 하십니다. 하나님은 그것을 징검다리로 삼아서 하나님의 엄청난 일을 불러 일으키겠다고 하십니다.

폴 스티븐슨이라는 목사님이 있습니다. 이분이 쓴 책에서, 자신의 간증을 합니다,

캐나다 몬트리올에서 사역할 때 한 오갈 데가 없는 매춘부, 데이즈라는 창녀를 집에 데려와서 이 여인을 돌봐주고 그를 잘 보호해주었다고 합니다. 시간이 지나자 이 여자가 예수를 믿었습니다. 그런데 어느 날 데이즈가 가출해서 다시 그 옛날 사창가로 돌아가 버렸습니다.

폴 스티븐슨 목사님이 굉장히 낙담했습니다. 그리고 화가 났습니다. 그러던 어느 날 데이즈가 폴 스티븐슨 목사님에게 전화했습니다. 와서 자기를 데려가 달라는 것입니다. 이 여자는 순간적으로 집을 뛰쳐나갔지만 나가보니까, 금방 후회를 하고, 그 사창가를 탈출하고 싶은데 도저히 나올 수가 없었던 것입니다. 그래서 전화를 해서 제발 자기를 좀 도와 달라고 요청을 했습니다.

폴 스티븐슨 목사님이 화가 굉장히 난 상태에서 억지로 억지로 그 사창가 근처로 차를 몰고 갔습니다. 폴 스티븐슨 목사님이 차를 몰고 이 사창가 동네를 돌았습니다. 그런데

이 여자를 찾을 수가 없었습니다. 그러니까 더 짜증이 났습니다.

내가 이런 사람을 도와줄 필요가 있을까?

이런 생각을 하면서 혼자서 속으로 투덜거렸습니다. 그런데 바로 그때 하나님이 그에게 굉장히 강력하게 정면으로 도전하셨습니다.

'나는 네가 무력한 상태에 있을 때 내가 너를 도와주었다. 네가 나에게 도와달라는 말밖에 할 수 없고, 네가 나와 어느 중간 지점에서 도무지 만날 수 없을 때에도 나는 너를 찾아와서 너를 도와주었다.'

이 말에 폴 스티븐슨 목사님은 마음 깊이 찔렸습니다. 그리고 하나님 앞에서 이 여자가 할 수 있는 작은 시도는 다른 사람이 아니라 자신을 도와달라는 이 한마디밖에 할 수 없었다는 것을 깨닫게 하신 것입니다. 하나님이 이것을 굉장히 귀하게 여긴다는 것을 폴 스티븐슨이 깨달았습니다.

이 여자가 할 수 있는 것은 이것이 전부였다는 것을 깨닫는 것뿐이었습니다. 이 여자가 할 수 있는 작은 시도를 하나님이 보고 계셨고, 나머지는 하나님이 다 채우고 싶어 하신다는 걸 알았고, 이것을 자기가 해야 한다는 것을 깨달은 것입니다.

이 여자는 자신이 할 수 있는 것이 아무것도 없었습니다.

그가 할 수 있는 최선의 시도는 전화를 걸어서 도와달라고 하는 것밖에 없었습니다. 그리고 하나님은 그 여인의 그작은 시도를 아주 귀하게 보셨던 것입니다.

이스라엘 백성들에게 하시는 말씀이 바로 이것입니다. 너희들이 아무것도 할 수 없다고 생각하지 말고, 너희들이 할 수 있는 최소한의 시도를 해보라는 것입니다.

나는 그 시도 위에 기름을 붓고, 긍휼을 베풀고 싶으며, 그 일이 이루어지면, 하나님의 역사는 또 불같이 일어나게 될 것이라고 말씀하고 계십니다.

인도에서 수많은 사람을 살린 고(故) 마더 테레사 수녀님을 아실 것입니다. 그가 살아있을 때 미국 텔레비전의 특집으로 마더 테레사가 어떻게 인도에서 사역하게 되었는지 소개한 적이 있습니다.

1946년도 인도 어느 거리 길가에 죽어가는 여자가 있었습니다. 마더 테레사가 이 여자를 보고 자기가 돌봐주어야 하겠다는 도전을 받았습니다. 쓰러진 여자의 머리카락을 쥐가 반쯤 갉아 먹었고 상처에 구더기가 들끓는데 이 여자를 돌보는 것이 지금 내가 할 수 있는 최선이라는 강한 도전을 받았습니다. 이것이 시발점이 되어 마더 테레사는 길에서 무려 4만 2천 명이나 되는 사람들을 품고 그들을 다 살려내었습니다.

기자가 마더 테레사에게 물었습니다.

"당신은 어떻게 그 대단한 사역, 4만 2천 명의 사람을 다 살릴 수가 있었습니까?"

마더 테레사가 답했습니다.

"이 사역이 대단하다면 대단할 수 있겠죠. 그러나 나는 1946년 그때 만약 내가 그 첫 번째 사람을 돌보지 않았다면 나는 아마도 다른 4만 2천 명을 돌보지 못했을 것입니다. 그 첫 번째 그 사람을 돌보는 작은 시도가 결국 4만 2천 명을 돌보게 했습니다."

하나님은 처음부터 마더 테레사에게 4만 2천 명을 돌보라고 명령하지 않았습니다. 그녀가 할 수 있는 최소한의 시도에 하나님은 이 반응 위에 기름을 부으셨습니다. 지금 아무것도 할 수 없다고 생각하는 유다 백성들에게 하나님은 아니라는 것입니다.

내가 원하는 것은 솔로몬의 성전이 아니라 너희들이 할 수 있는 이 작은 몸부림, 그 위에 내가 기름을 붓기 원하고, 너희들이 한 걸음만 내디디면 나머지 99%는 내가 채운다는 것입니다.

하나님께로 돌아가기를 원하십니까?

하나님과의 영광스러운 사귐의 자리로 다시 가기를 원하십니까?

그렇다면 내가 할 수 있는 작은 시도를 하십시오. 오병이어의 기적도 마찬가지입니다. 오병이어는 작은 것이지만,

그 위에 하나님은 기름을 부으셨습니다.

하나님은 처음부터 우리에게 순교를 요구하지 않습니다. 실제로 역사 속에 일어났던 교회의 대부흥을 한번 보면 교회 부흥은 항상 시작은 초라했습니다. 이름도 없는 몇 사람이 기도했더니, 하나님이 거기에 기적의 기름을 부으셨습니다. 영국교회사도, 미국교회사도 마찬가지입니다. 우리가 잘 아는 19세기 대부흥도 한사람이 시작한 정오 기도회였습니다.

람피에르라는 사업가가 월스트리트에서 어느 날 수요일에 정오 기도회를 시작합니다. 첫 주에 6명, 20명, 나중에 40명, 이것이 보스톤, 워싱턴, 시카고, 전 미국을 휩쓸었습니다. 우리나라 평양 대부흥도 마찬가지입니다. 평양의 대부흥은 사실은 원산에 여자 선교사 몇 명이 모여서 기도회를 시작했고, 여기서 회개가 일어났습니다.

그때 하디라는 의료선교사가 회개함으로 말미암아 이것이 평양 대부흥의 불길로 이어졌습니다.

하나님은 이 말씀을 듣고 있는 우리에게 동일한 도전을 하고 계십니다. 네가 할 수 있는 작은 시도를 해보라고 하십니다.

"나는 레바논의 백향목을 원하지 않는다. 너희들이 할 수 있는 작은 시도, 그걸 통해서 내가 기뻐하고 거기에 내가 기름을 붓길 원하고, 거기에서 내가 영광을 얻으리라."

학개 1장 9-10절의 말씀이 그것입니다.

[학 1:9] 너희가 많은 것을 바랐으나 도리어 적었고 너희가 그것을 집으로 가져갔으나 내가 불어 버렸느니라 나 만군의 여호와가 말하노라 이것이 무슨 까닭이냐 내 집은 황폐하였으되 너희는 각각 자기의 집을 짓기 위하여 빨랐음이라 .

[학 1:10] 그러므로 너희로 말미암아 하늘은 이슬을 그쳤고 땅은 산물을 그쳤으며.

무슨 말입니까?

너희들 이 시간까지 아무것도 남지 않는 그런 인생을 살지 않았느냐?

먹어도 배가 부르지 않는 삶을, 지금까지 경험하지 않았느냐?

마치 자동차가 공회전하는 것과 같은, 아무것도 남지 않은 인생을 지금까지 살고 있지 않으냐?

그런데 또다시 그렇게 살겠느냐?

이런 도전입니다. 내가 원하는 것은 레바논의 백향목이 아니다. 너희들이 할 수 있는 작은 시도, 몸부림, 거기에 나는 기름을 붓겠다는 것입니다. 이것이 하나님의 말씀입니다.

하나님의 이 말씀 앞에 하나님 백성들의 마음이 뜨거워졌습니다. 이 말씀 앞에 반응하고 싶은 열정이 생기기 시작했습니다.

학개 1장 12절 말씀입니다.

[학 1:12] 스알디엘의 아들 스룹바벨과 여호사닥의 아들 대제사장 여호수아와 남은 모든 백성이 그들의 하나님 여호와의 목소리와 선지자 학개의 말을 들었으니 이는 그들의 하나님 여호와께서 그를 보내셨음이라 백성이 다 여호와를 경외하매.

유다 백성들은 자신들이 지금 듣고 있는 이 말씀이 인간 학개의 말이 아니고 하나님이 지금 자신들에게 하는 말씀이라는 것을 알았습니다. 그래서 그들이 할 수 있는 작은 시도를 하라고 하실 때 이것을 하겠다고 청종을 했습니다.

기적은 여기서부터 일어납니다.

그렇게 하니까 어떤 반응이 일어났습니까?

두 가지입니다.

첫째, 학개 1장 13절 말씀입니다.

[학 1:13] 그 때에 여호와의 사자 학개가 여호와의 위임을 받아 백성에게 말하여 이르되 여호와가 말하노니 내가 너희와 함께

하노라 하니라.

하나님의 말씀 앞에 단순하게 믿음으로 반응하는 백성들을 보면서 하나님은 깊이 감동하셨습니다. 그리고 그들에게 더 놀라운 격려, 더 놀라운 약속을 부어주십니다.

그것이 무엇입니까?

"내가 너희와 함께 하노라. 다시 말해서, 성전을 짓는 상황이 힘들지만, 이제부터는 내가 너희와 함께한다. 내가 너희의 부족한 것을 채우겠다. 너희들의 작은 시도 그 위에 나머지는 내가 다 채운다. 내가 너희와 함께 하노라."

놀라운 약속이 유다 백성들 위에 다시 부어지고 있습니다.

오래전에 상영했던, 〈베어〉라는 영화가 있습니다. 여기에 엄마를 잃은 아기곰이 있는데 엄마곰을 잃고 조그마한 아기곰이 혼자 남았습니다. 그래서 홀로 살아갈 가능성이 다분했습니다. 그런데 예상하지 못하게 거대한 곰이 나타나서 아기곰을 데려갑니다. 이 작은 아기곰을 길러주고 보호합니다.

그런데 어느 날 이 아기곰이 거대한 곰을 잃어버립니다. 그러자 늘 이 아기곰을 잡아먹을 생각을 했던 사자가 기회를 잡았습니다. 외진데 떨어진 곳에서 사자가 이 아기곰을 만났습니다. 아기곰이 사자에게 대항하려고 하는데 사자가 이 아기곰을 비웃습니다. 아기곰은 사자를 당할 수가 없습니다.

사자가 아기곰에게 덤벼서 찢으려고 하는데 갑자기 사자가 덤벼들지 못하고 뒷걸음질을 치며 도망을 칩니다. 알고 보니아기곰 뒤에 거대한 검은 알래스카 곰이 앞발을 저으면서 소리를 지르고 있었습니다. 알래스카 곰이 이 아기곰을 늘 따라다녔던 것입니다.

마찬가지로 하나님이 지금 유다 백성들을 지키고 보호하며 내가 반드시 이 일이 이루어지도록 도와주겠다고 약속하고 계십니다.

여기서 한 걸음 더 나아가서 믿음으로 순종하는 백성들에게 어떤 일이 일어납니까?

둘째, 학개 1장 14절 말씀입니다.

[학 1:14] 여호와께서 스알디엘의 아들 유다 총독 스룹바벨의 마음과 여호사닥의 아들 대제사장 여호수아의 마음과 남은 모든 백성의 마음을 감동시키시매 그들이 와서 만군의 여호와 그들의 하나님의 전 공사를 하였으니.

도저히 그들은 하나님이 하시는 일 앞에 이제는 그냥 가만히 앉아 있을 수 없었습니다. 왜냐하면, 이제는 마음이 감동되고 불덩어리가 되었습니다. 그렇게 하니까 무려 15년 동안 믿음을 잃고 주저앉아 버렸던 사람들이 단 한순간에 모는 역사를 일으켜 버립니다.

그들이 하나님의 전을 공사하였으니. 이것이 바로 하나님이 하신 일입니다.

유다 백성들은 하나님 앞에 돌아가고 싶었지만 힘이 하나도 없었습니다. 그런데 하나님은 그들에게 너희들이 할 수 있는 작은 믿음의 시도를 하라고 말씀하십니다. 그렇게 할 때 내가 나머지를 다 채우겠다는 것입니다.

하나님의 전을 공사하였으니. 하나님의 일은 하나님이 다 이루십니다.

중요한 것은 무엇입니까?

우리의 작은 시도, 우리의 작은 헌신, 우리의 작은 몸부림을 통해 일하시겠다는 것입니다. 오늘 이 말씀에 순종합시다. 아무리 힘들고 어려운 상황에 놓여 있다 할지라도 내가 할 수 있는 작은 시도를 해보라고 하십니다. 그 위에 하나님이 기름을 부을 것입니다.

세계 선교의 마음을 품었다면, 선교헌금 만 원부터 시작해 보십시오. 이 땅의 수많은 가정과 영혼을 깨우기 원한다면, 건축헌금 만 원부터 시작해 보십시오.

아무리 힘들고 어렵고 손이 떨려도 하나님이 기름 부으신다고 했으니 순종하는 마음으로 십일조를 철저하게 드려 보십시오. 기적이 일어날 것입니다. 단 한순간에 모든 상황이 역전될 것입니다.

역전케 하시는 하나님을 찬양합니다.

제3장

하나님의 영광을 보라
(학개 2:1-9)

우리 가운데 아마 <춘향전>을 모르는 사람은 없을 것입니다. <춘향전>에 보면 이 도령이 과거에 급제해서 암행어사가 된 뒤에 다시 고향으로 내려옵니다. 이 도령이 거지 행색을 하고 있으므로 춘향의 어머니가 이 도령을 보면서 얼마나 실망을 하는지 모릅니다. 사실은 이 도령은 겉모습이 거지 행색을 하고 있을 뿐이지 사실 그의 속에 있는 영광의 권세는 절대로 거지가 아닙니다.

그가 가진 영광과 권세를 알고 있는 자, 이것을 보고 있는 자는 절대로 이 도령의 모습을 보면서 실망하거나 낙담하지 않을 것입니다. 이 도령은 초라한 모습을 하고 있지만 그에게는 왕이 수여한 마패의 영광이 있습니다. 그러나 이것을 보지 못하는 사람, 알지 못하는 사람은 그의 겉모습을 보고 실망할 수밖에 없을 것입니다.

하나님 백성들이 이 세상에서 하나님의 자녀로 평범하게 살아갈 때 세상은 아무도 우리 안에 있는 영광과 존귀를 보지 못합니다. 그러나 실제로 하나님 백성들 안에 있는 이 존귀와 영광은 하나님 자신의 영광이고, 하나님의 아들과 딸의 영광입니다. 엄청난 영광이 우리에게 있습니다. 그래서 죽음의 권세가 하나님 백성들을 삼키지를 못합니다. 죽음의 권세도 삼키지 못하는 영광을 가진 자, 그는 이 세상의 하나님 백성들밖에 없습니다.

그런데 문제는 오늘날의 하나님 백성인 우리 자신조차도 우리에게 있는 이 존귀와 영광을 잘 보지 못하고 알지 못합니다. 그래서 하나님 백성들에게 가장 중요한 것은 눈을 크게 뜨고 그야말로 우리의 삶에 나타나는 하나님의 흔적, 하나님의 손길 우리에게 머물러 있는 하나님의 영광, 우리의 삶에 간섭하시는 하나님의 영광, 이것을 발견하고 눈을 크게 뜨는 것이고 쳐다보는 것입니다. 이것이 중요합니다.

우리는 크게 눈을 뜨고 이 영광을 볼 수 있어야 합니다. 20세기의 유명한 영성 작가였던 지케이 체스터턴이라는 분이 이런 말을 했습니다.

불교의 성자는 항상 눈을 감고 있다. 그러나 그에 반해서 기독교 성자는 언제나 눈을 크게 뜨고 있다. 불교도 성자는 날씬하고 균형 잡힌 몸매를 가지고 있으나 그의 눈꺼

풀은 항상 무거운 듯이 감겨 있다. 그러나 기독교 성자는 뼈가 드러날 정도로 앙상한 몸매지만 그의 눈은 깜짝 놀란 듯이 활짝 열려 있다. 불교도 성자는 내부에 집중하듯이 독특한 눈빛을 가지고 있지만, 기독교 성자는 필사적으로 바깥을 응시하고 있다.

왜 그렇습니까?

보아야 하므로 눈을 뜨고 보는 것입니다.

무엇을 말입니까?

평범해 보이는 일상생활 속에 하나님의 흔적을 보는 것입니다. 평범해 보이는 우리 자신, 너무나도 평범한 나 자신 속에 엄청난 하나님의 영광과 존귀가 내 안에 있다는 것을 보는 것입니다. 눈을 크게 뜨고 보는 것입니다.

그래서 눈을 부릅뜨고 바깥을 응시하고 있는 사람, 이 사람이 체스터턴의 말에 의하면 하나님 백성의 가장 큰 특징입니다.

우리가 눈을 뜨고 무엇을 봅니까?

우리가 사는 이 유한한 세계 속에 무한하신 하나님의 손길을 보아야 합니다. 평범한 내가 엄청난 영광과 존귀의 옷을 입고 있는 존재라는 것을 보아야 합니다.

여러분은 눈을 뜨고 있습니까?

보고 있습니까?

만약 우리가 눈을 뜨고 보지 못하면 어떻게 됩니까?

실망하게 됩니다.

무엇을 말입니까?

믿는다는 것이 왜 이렇게 초라한가?

믿는다는 것이 왜 이렇게 작은 가?

우리의 믿음은 왜 이렇게 초라한가?

바벨론 포로에서 돌아온 유다 백성들의 고민은 바로 이 것이었습니다.

첫 번째 메시지를 통해서 유다 백성들은 기적의 역사가 그들 속에 나타났습니다. 학개를 통해 주신 말씀이 얼마나 능력 있는 말씀이었던지 무려 15년의 침체를 단숨에 극복하고 그들은 다시 일어났습니다. 다시 성전을 짓겠다고 합니다. 다시 하나님을 우리 삶의 중심에 모시겠다며 15년 동안 엄두도 내지 못한 일을 단숨에 시작하고야 말았습니다.

그런데 문제는 그다음이었습니다.

6월 1일 날 첫 번째 메시지를 듣고, 6월 24일부터 공사를 시작했습니다. 그로부터 약 한 달 정도의 공사가 진행되고 있었습니다. 문제는 한 달 정도의 공사를 하면서 그들 속에 생긴 것이 실망감이었습니다. 낙담이었습니다.

무슨 낙담입니까?

이 성전이 절대로 특별하지가 않습니다. 눈에 보기에 너무나도 초라해 보입니다. 하나님의 은혜의 말씀을 받고 학개의 말씀을 통해서 하나님 백성들의 마음이 불같이 뜨거워져서 하나님 나라를 세우겠다고 일어났습니다. 그런데 막상 일어나 보니 눈에 보이는 현실이 너무나도 초라합니다.

특별히 과거의 솔로몬 성전과 비교하니까 지금 자신들의 손에서 이루어지고 있는 현실은 너무나도 초라합니다. 물론 솔로몬 성전을 기대하고 처음부터 공사를 시작한 것은 아닙니다. 그러나 은혜를 크게 받고 마음이 불같이 뜨거울 때는 몰랐지만 실제 그들의 눈앞에 지어져 가는 성전을 눈으로 보니 실망을 금할 수가 없었습니다.

특히 새 성전에는 법궤도 없습니다. 처음 성전에는 법궤가 있었고, 이 법궤 위에 하나님의 영광의 구름이 있었습니다. 그런데 새 성전에는 그런 것이 없습니다. 자기들이 보기에는 아무것도 아닌 것 같습니다.

학개 2장 3절 말씀을 보십시오.

[학 2:3] 너희 가운데에 남아 있는 자 중에서 이 성전의 이전 영광을 본 자가 누구냐 이제 이것이 너희에게 어떻게 보이느냐 이

것이 너희 눈에 보잘것없지 아니하냐.

하나님도 다 알고 계십니다. 그들이 지금 어떤 고민을 하고 있는지를 다 알고 계십니다.

보잘것없지 아니하냐?
다른 번역에는, 아무것도 없는 것 같지 아니하냐?
또 다른 번역에는 허무하지 아니하냐?

그들은 허무하고 허탈했습니다. 대단히 마음이 착잡했습니다. 이 일을 계속해야 할지 말아야 할지 고민이 되었습니다. 오래전 선지자들이 하나님 백성들이 바벨론 포로에서 다시 회복된 뒤에 이 성전의 영광이 다시 지어지면 어떻게 될 것인지 예언을 했습니다.

이사야, 예레미야, 에스겔. 특별히 에스겔 40장 이후에는 새로 지어질 성전의 환상에 대해서 말하는데 성전의 영광이 너무 크기 때문에 새 성전에서부터 모든 생명을 살리는 역사가 나타난다는 예언을 한 적이 있습니다. 그런데 분명히 다시 짓고 있는 성전은 그렇지가 않습니다. 너무나도 초라합니다.

학개 선지자의 첫 번째 메시지를 듣고, 은혜를 크게 받고 마음이 뜨거워졌습니다. 15년 동안 손도 대지 못하던 일을 다시 시작했습니다. 이것은 대단히 귀한 일이었습니다. 그러나 한 달의 시간이 지나면서 그들 속에 있는 실망감이 점점 커지기 시작했습니다. 하나님 나라가 이 성전을 통해서 다시 세워지겠다고 그들은 믿었는데 이 성전부터가 너무나도 초라한 것입니다.

하나님 나라에 대한 비전과 꿈을 가지고 일어났는데 성전부터가 너무 초라하고, 지금 이 현실이 너무나도 작아 보입니다. 그래서 유다 백성들의 마음은 실망감으로 꽉 차 있습니다. 당혹스러웠습니다.

유다 백성들이 가지고 있는 허무함, 당혹감, 이것은 사실 오늘 우리에게서 멀리 있는 이야기가 아닙니다. 그들이 가진 이 실망감은 오늘 우리의 삶의 현장 속에서 똑같이 경험하고 있는 일들입니다. 하나님의 은혜를 크게 받을 때 우리는 우리의 손으로 온 세상을 뒤집어 놓을 것 같습니다. 그런데 현실로 들어가면 너무나도 큰 괴리감이 생깁니다. 실제 내 삶은 전혀 대단하지가 않습니다.

우리가 하루하루 하는 일은 사실은 대단하지 않은 일이 대부분입니다. 현실 속에서 만나는 하나님의 나라는 너무나도 보잘것없어 보입니다. 보통 신앙이 뜨거운 사람들이 주일과 평일의 괴리감을 굉장히 많이 느낍니다. 주일에 은혜받을 때는 하늘에 붕 떠 있는 것 같은데 월요일의 일상으로 돌아가면 전혀 대단하지 않습니다. 우리가 만나는 삶의 현장은 대부분 대단하지 않습니다.

포로에서 돌아온 유다 백성들의 마음을 꽉 채우고 있는 정서는 실망감이었습니다. 학개의 말씀을 듣고 일어나려고 결심을 했던 사람들의 마음을 꽉 채운 것은 실망이라는 정서였습니다. 현실 속에 만난 하나님 나라는 보잘것없었습니다. 그때 하나님이 말씀하신 답변이 두 번째 설교입니다.

너희 눈에 보잘것없지 아니하냐?

보잘것없어 보일 수 있다는 것입니다. 여기에 대해서 하나님이 두 가지의 답변을 하십니다.

첫 번째는 먼저 눈을 뜨라고 하십니다.

학개 2장 4절 말씀을 보십시오.

> [학 2:4] 그러나 여호와가 이르노라 스룹바벨아 스스로 굳세게 할지어다 여호사닥의 아들 대제사장 여호수아야 스스로 굳세게 할지어다 여호와의 말이니라 이 땅 모든 백성아 스스로 굳세게 하여 일할지어다 내가 너희와 함께 하노라 만군의 여호와의 말이니라.

하나님이 지금 말씀하십니다. 내가 너희와 함께 하노라. 그들이 눈을 크게 뜨고 보아야 할 것이 있다고 하십니다.

그것이 무엇입니까?

내가 너희와 함께 하노라. 이 초라한 현실, 초라하게 지어지고 있는 성전, 너희들은 지금 그것만 쳐다보면서 굉장히 실망하고 있는데, 사실은 더 중요한 것을 너희들은 보지 못하고 있다고 하십니다. 그것을 눈을 뜨고 보라고 하십니다.

그것이 무엇입니까?

너희 가운데 하나님이 지금 함께 존재하고 계신다는 것입니다. 이걸 보라는 것입니다.

그렇다면 하나님은 어떤 방식으로 존재하십니까?

학개 2장 5절 말씀에 다시 한번 강조하고 있습니다.

> [학 2:5] 너희가 애굽에서 나올 때에 내가 너희와 언약한 말과 나의 영이 계속하여 너희 가운데에 머물러 있나니 너희는 두려워하지 말지어다.

내가 너희와 언약한 말씀, 나의 영, 성령으로 너희들과 함께 있다는 것입니다. C.S. 루이스(C.S. Lewis)의 에세이 모음집 『영광의 무게』(*The Weight of Glory*)에 실린 비유로 인간 인식의 한계를 묘사하고 있는 이야기가 있습니다.

감옥에 갇힌 한 여자 예술가가 있었습니다. 이 여인이 감옥 에서 아이를 출산했습니다. 아이에게 감옥 바깥세상을 보여주고 싶었습니다. 그런데 보여줄 길이 없었습니다.

그래서 감옥 안에 있는 흰 종이와 검은 연필을 들고 엄마가 그림을 그렸습니다. 계곡을 그리고 바다를 그리고 파도를 그리고 산을 그리고 꽃을 그려주었습니다. 그런데 이 아이는 아무리 봐도 엄마를 이해하지 못했습니다.

그리고 아이가 어떤 생각을 했을까요?

'아, 감옥 밖 세상은 흰색과 검은색으로 되어 덮여 있구나. 빛바랜 흰색 바탕 위에 검은 잿빛 선으로 되어 있는 것이 세상이구나.'

아이는 흰색 종이와 검은색 선을 보고 있었습니다. 그런데 엄마가 그려주려고 했던 것은 흰색 종이와 검은색 선이 아니라 이 흰색 종이와 검은색 선을 통해서 화려한 꽃과 살아 움직이는 생물들과 산과 바다를 보여주고 싶었던 것입니다.

이 아이가 이런 것들을 보기를 바랐던 것입니다. 그러나 아이가 쳐다본 것은 흰 종이와 검은색 선이 전부였습니다.

하나님이 유다 백성들에게 말씀하시는 것은 지어지는 건물 자체가 아닙니다. 그 속에서 함께 존재하시는 우주보다 더 크신 하나님을 발견하라는 것입니다. 흰색 종이와 검은색 선만 쳐다보지 말고 그 위에 총천연색 세상을 보는 것처럼 그 배후에 존재하시는 하나님을 보라고 하십니다. 이것을 보기 위해서 너희는 영의 눈을 뜨라고 하십니다.

내가 너희와 언약한 말과 나의 영으로, 말씀과 성령으로 나는 여기에 여전히 너희와 함께 있다고 하십니다. 이 초라한 성전이 지금 너희들 눈에는 초라하게 보일지 모르지만, 실제 너희들이 보아야 하는 것은 하나님의 말씀과 하나님

의 성령으로 하나님이 여전히 너희와 함께 있는 것을 보라
고 하십니다.

만약 이것을 보지 못한다면 그들은 실망하게 됩니다. 그
러나 만약 이것을 본다면 그들은 실망하지 않습니다. 우주
보다 더 크신 하나님이 지금 그들과 함께 계십니다. 성령으
로 언약의 말씀으로 그들과 함께 하십니다.

왜 이것을 보지 못하고 너희들은 흰색 종이와 검은색 선
만 보느냐?

그것만 보니까 아무것도 없다고 생각하고 실망하지
않느냐?

오늘 우리가 만나는 삶의 현장은 대부분 대단하지 않
습니다.

그러나 이 초라한 삶의 현장 속에 우주보다 더 크신 하
나님께서 말씀과 성령으로 함께 하신다면 어떻게 하시겠
습니까?

그래도 우리가 초라하다고 말할 수 있을까요?

우리가 보잘것없다고 말할 수 있을까요?

아닙니다. 복사만 하는 초라한 삶의 현장 속에 우주보다
더 크신 하나님이 성령으로 그 자리에 존재하고 계십니다.

그런데도 실망하시겠습니까?

결코 실망할 수 없습니다. 복사만 하는 삶의 현장이 위대한 예배의 장소가 될 수가 있습니다.

이등병이 화장실 청소를 합니다.

그런데 이 이등병이 청소하는 화장실에 사단장이 함께 있다면 어떻겠습니까?

이등병은 사단장을 쳐다볼 수 없습니다.

만약 그 자리에 사단장이 함께 있어서 그의 손을 붙잡고 같이 있는데 이등병이 화장실 청소하는 게 시시하다고 말할 수 있을까요?

그렇게 말할 수 없죠. 아마 그 자리는 가장 영광스러운 자리가 될 것입니다.

하나님이 말씀하는 것이 무엇입니까?

눈을 뜨라는 것입니다. 그리고 보라는 것입니다. 성령의 능력과 손길이 우리의 작은 삶의 현장 속에 분명하게 존재한다는 것을 보라는 것입니다. 내가 하는 작은 일 속에 하나님의 임재를 발견한다면 거기에 무한한 영광의 경배가 있고, 찬양이 있고, 무한한 자부심이 있고, 엄청난 경배가 그 속에 있고, 하나님 앞에 우리의 작은 일들을 예배하는 심정으로 하게 되어 있습니다.

[골 3:23] 무슨 일을 하든지 마음을 다하여 주께 하듯 하고 사람에게 하듯 하지 말라.

어떻게 이렇게 할 수 있습니까?

눈을 뜨고 보아야 합니다. 학개서에서 말씀하시는 것은 눈을 뜨고 이 말씀을 보라는 것입니다. 보는 사람들이 이렇게 할 수 있습니다.

왜 너희들은 가장 중요한 것을 보지 않느냐?

왜 말씀과 성령으로 지금도 함께 하시는 하나님의 그 영광을 보지 못 하느냐?

왜 흰 색종이와 검은색 연필만 눈으로 보고 있느냐?

성령의 손길과 흔적을 보라는 것 아닙니까?

여기에 우리의 정체성이 달려 있습니다. 여기에 우리의 모든 승리가 다 달려 있습니다. 이것을 보는 자들은 이기게 되어 있습니다.

"하나님 백성의 특징은 눈을 크게 뜨고, 응시하고, 바라보는 사람들"이라는 체스터턴의 말을 다시 기억합시다. 이 눈이 열리도록 합시다. 내 사무실에서 하나님을 발견하십시오. 주여 우리의 눈을 열어주소서. 내 삶의 현장이 절대로 실망스럽다고 말하지 말게 하소서.

두 번째는 실망하는 유다 백성들에게 하나님은 한 걸음 더 전진하고 있습니다. 그것은 하나님이 가지고 계신 엄청난 계획을 말씀하고 있습니다.

그것이 무엇입니까?

학개 2장 6-7절 말씀입니다.

> [학 2:6] 만군의 여호와가 이같이 말하노라 조금 있으면 내가 하
> 늘과 땅과 바다와 육지를 진동시킬 것이요.

> [학 2:7] 또한, 모든 나라를 진동시킬 것이며 모든 나라의 보배
> 가 이르리니 내가 이 성전에 영광이 충만하게 하리라 만군의 여
> 호와의 말이니라.

하나님은 이 초라한 성전에서 이런 엄청난 일을 일으키
시겠다는 것입니다. 하늘과 땅과 바다와 육지를 진동시키
는 것입니다.

이것이 도대체 무엇을 말하는 것일까요?

오늘 본문 2장 6절에는 나타나지 않지만 원문 중간에 보
면 다시 한번이라는 말이 들어가 있습니다. 히브리서 12장
26절에 보면 히브리서 기자가 이 말씀을 인용하고 있는데
그 인용에는 다시 한번이라는 번역을 살려 주고 있습니다.

> [히 12:26] 그때에는 그 소리가 땅을 진동하였거니와 이제는 약
> 속하여 이르시되 내가 또 한 번 땅만 아니라 하늘도 진동하리라
> 하셨느니라.

이게 바로 학개서의 오늘 말씀을 인용한 말씀입니다.

"내가 또 한 번 땅만 아니라 하늘도 진동하리라 하셨느니라."

그렇다면 오늘 본문에서 또 한 번 하늘과 땅을 진동하겠다고 했는데, 또 한 번이라고 했으니까 전에 한 번 진동한 적이 있다는 뜻입니다. 전에 한 번 진동한 일이 있으니까 또 한 번 진동하겠다고 하는 것입니다.

그러면 전에 한 번 진동했던 때는 언제입니까?

그것은 바로 2장 5절에 있는 문맥에서 찾을 수 있습니다. 애굽에서 나올 때입니다. 하나님은 이스라엘 백성이 애굽에서 나올 때 온 하늘과 땅과 바다를 진동시킨 적이 있습니다. 온 하늘과 땅과 바다를 진동시킨 후에 애굽에서 그 백성들을 빼내셨습니다. 애굽에서 그 백성들을 구원하셨습니다.

그런데 하나님이 오늘 다시 한번 하늘과 땅을 진동하겠다고 말씀하십니다. 다시 한번 출애굽의 역사, 제2의 출애굽의 역사, 출애굽과 같은 새로운 구원 역사, 이것을 또 일으키겠다는 것입니다.

그때 어떤 일이 일어나나요?

학개 2장 7절 말씀을 보십시오.

[학 2:7] 또한, 모든 나라를 진동시킬 것이며 모든 나라의 보배가 이르리니 내가 이 성전에 영광이 충만하게 하리라 만군의 여

호와의 말이니라.

그때 어떤 일이 일어나느냐?

모든 나라의 보배가 이르리니.

여기 모든 나라의 보배가 중요합니다. 성경 밑에 주가 달렸는데, 거기 보면 모든 나라의 사모하는 분이 오겠다고 이렇게 되어 있습니다.

모든 나라의 사모하는 분이 누구입니까?

온 세상이 그렇게 사모할 정도로 기다리고 도래하기를 기다리고 있는 분이 도대체 누굽니까?

그분이 바로 예수 그리스도입니다. 다시 말해서, 하나님은 제2의 출애굽과 같은 그런 구원의 역사를 다시 한번 이루시겠다고 말씀하십니다.

지금 그 말씀입니다. 옛날에는 애굽을 뒤집어 놓았지만 이제는 애굽이 아니라 온 세상, 우주 전체를 뒤집어 놓겠다. 내가 그것을 위해서 모든 나라가 사모하는 예수 그리스도를 이 땅에 보내겠다. 또 한 번 하늘과 땅을 진동시킬 것이라는 말씀입니다.

첫 번째 출애굽할 때는 홍해를 가르시고 출애굽을 일으키셨습니다. 그러나 두 번째 출애굽은 홍해가 아니라 창조주 하나님과 동등하신 분, 예수 그리스도의 몸을 쪼개서 두 번째 출애굽이 일어났습니다.

어디에서요?

갈보리 언덕에서. 이것은 홍해가 갈라진 것보다 훨씬 더 놀라운 일입니다. 나일강이 피로 물든 것보다 훨씬 더 놀라운 일입니다. 이것과 도저히 비교할 수 없을 정도로 엄청난 일이 하나님의 아들이 골고다 십자가 위에서 죄인들을 대신해서 죽으신 사건입니다.

이것은 하늘과 땅만 진동시킨 것이 아니고 지옥도 흔들리고 천사들도 놀라서 충격을 받을 정도로 이것이야말로 온 우주를 뒤집어 놓는 사건입니다.

내가 다시 한번 하늘과 땅과 바다를 진동시킬 것이다. 모든 나라가 사모하는 분을 보내서 내가 그렇게 하겠다. 하나님이 이 계획을 말씀하고 계시는 것입니다. 오늘 이 예언의 말씀, 하늘과 땅을 다시 진동시킬 것이라는 두 번째 출애굽은 갈보리 언덕 골고다 십자가 위에서 일어났습니다.

이 말씀대로 예수 그리스도께서 죄인들을 위해서 제2의 출애굽을 일으키셨을 때 어떤 일이 일어났습니까?

첫째, 더이상 구약의 제사가 필요 없어져 버렸습니다. 성전 휘장이 찢어졌습니다.

둘째, 죄가 영원히 정복됩니다.

셋째, 하나님과 죄인들이 영원한 평화, 무너지지 않는 샬롬이 이루어졌습니다.

넷째, 성령 하나님이 죄인에게 부어졌습니다. 그리고 이제부터는 한 사람, 한 사람을 하나님이 성전으로 삼아서 그 사람 속에 하나님의 영, 하나님의 성령을 부어 버렸습니다.

눈에 보이는 성전 건물이 아니고 한 사람의 인격 속에 하나님의 영이 직접 오셔서 그에게 영광으로 가득 채우십니다. 우리 생각으로는 하나님의 영이 한 사람의 인격에 직접 오시면 터져 죽든지 폭발해 죽든지 그렇게 죽을 것 같은데, 사람이 죽지 않았습니다. 죽지 않고 이제 그 엄청난 창조주 하나님과 내가 동행합니다.

하나님의 영이 사람들 속에 부어졌을 때 사람들이 죽지 않고 하나님과 동행하는 기적이 일어났습니다. 하나님의 영광이 초라한 육신을 통해서 찬란한 영광을 뿜어내는 것입니다.

다섯째, 하나님의 영이 그 사람을 그때부터 고치기 시작합니다.

어느 수준까지 이 사람을 고치고 치료하시느냐?

하나님의 수준으로, 신의 성품에 참여하는 수준으로, 이 초라한 사람들을 고치기 시작했습니다. 그야말로 흠도 티도 없을 정도로 하나님의 영이 내 안에 오셔서 그 하나님의 영이 나를 통해서 하나님의 영광을 나타내시는 것입니다.

그 하나님의 영이 나를 통해서 나타나시는 것입니다.

솔로몬의 그 화려한 성전도 이 하나님의 영광을 감당하지 못했습니다. 솔로몬의 그 화려한 성전도 하나님의 영광의 옷자락도 감당하지 못했습니다. 그런데 하나님이 계획하시기를 장차 초라한 죄인을 성전 삼으시고 그곳을 내가 영원히 떠나지 않겠다는 것입니다. 이 초라한 죄인들에게 말할 수 없는 하나님의 영이 직접 그들에게 부어져서 그들이 하나님의 성전이 되도록 만들겠다는 것입니다.

그때 죄인들은 내 안에 들어오신 하나님의 영으로 인해서 엄청난 변화의 역사를 보게 될 것입니다. 죄인들이 변하고, 살인자가 변하고, 사형수가 변하고, 사기꾼이 회개하고, 우울증, 정신병자들이 치료받고, 하나님 앞에서 고침받고, 새로워지고, 심지어 그 사람들 속에 있는 천상의 영광이 이 죄인들을 통해서 뿜어져 나오는 것을 보게 될 것입니다.

이것이 바로 하나님의 계획입니다. 그러므로 눈에 보이는 초라한 성전을 보면서 실망하지 마시기 바랍니다. 학개 시대의 초라한 건물, 성전은 완성품이 아닙니다. 이것은 이 엄청난 새로운 시대를 바라보고, 기대하고, 사모하는, 표지판과 같습니다.

하나님이 너희들은 왜 이 표지판을 보면서 실망하느냐고 하십니다.

고속도로를 가다보면 서울 100킬로미터라고 쓰여진 표지판이 있지 않습니까?

그 표지판을 보면서 이곳이 서울이네라고 말하면서 실망하지 말라는 것입니다.

학개 2장 8절 말씀을 보십시오.

> [학 2:8] 은도 내 것이요 금도 내 것이니라 만군의 여호와의 말이니라.

너희들은 지금 금과 은으로 치장하면 좋겠다고 생각하지만 금과 은으로 내가 이 성전을 치장하려고 했다면 얼마든지 할 수 있다. 금도 내 것이요 은도 내 것이니 금과 은으로 얼마든지 성전을 바를 수 있다. 그러나 그렇게 하기를 원하지 않는다는 것입니다.

왜 그렇습니까?

금과 은으로 이 성전을 바른다고 죄인들이 구원받는 것이 아닙니다. 죽음의 문제가 해결되지 않습니다. 새로운 시대를 보지 못합니다. 하나님의 성령이 사람 속에 무한정으로 부어지는 이 엄청난 시대를 보지 못합니다.

은도 내 것이요 금도 내 것이지만 하나님은 은과 금으로 일할 생각이 없다는 것입니다.

나는 내 아들을 골고다 십자가 위에서 못 박아서 모든 죄인을 용서하고, 그들에게 하나님의 영을 부어주기를 원한다. 그들 자신을 성전 삼기 원하고, 그들을 통해서 하나님의 영광이 뿜어져 나오는 이 엄청난 치료의 역사가 나타나기를 원한다는 것입니다. 은과 금으로 사람들의 문제는 해결되지 않는다는 것입니다.

얼마나 놀라운 하나님의 답변입니까?

그러므로 지금 너희들은 이 건물을 보면서 실망을 하지 말라.

또 한 번 하늘과 땅과 바다를 진동시킨다는 것입니다. 학개는 이것을 멀리 내다보았지만 우리는 이미 이루어진 시대를 살고 있습니다. 하나님의 영이 내 연약한 육신 안에 무한정으로 부어졌습니다.

내 안에 들어오셨습니다. 나를 통해서 그 하나님의 나라가 세워지게 하십니다. 하나님의 영광이 나를 통해서 드러나게 만드십니다.

내 연약한 인격 안에 하나님이 들어오셨습니다. 우리가 이 사실을 깨닫고 오늘 성령을 더 바라고 초청하면 우리의 삶에 영광의 기적과 축복이 계속하여 일어나게 될 것입니다. 치료의 역사, 변화의 역사가 일어나게 될 것입니다.

왜 우리의 삶을 보면서 실망하고 초라하게 생각하십니까?

눈을 감고 있기 때문입니다. 오늘 하나님은 우리에게 눈을 크게 뜨라고 말씀하십니다. 그리고 하나님의 놀라운 계획을 보라고 하십니다.

오늘 우리의 눈을 뜹시다. 우리의 삶의 현장에 계신 하나님을 발견합시다.

어떻게요?

말씀과 성령으로 내가 하는 작은 일들이 실제로는 작은 일들이 아니라는 것을 우리가 발견합시다. 이 작은 일들을 통해서 하나님께 영광을 돌립시다. 그리고 성령께서 우리의 삶을 마음껏 이끌어가고 있는 새로운 시대를 살고 있다는 것을 눈을 뜨고 봅시다. 그래서 나를 온전히 성령께 의탁합시다.

성령이 나를 마음껏 사용하실 수 있도록 내어 드립시다. 나를 통해 변화의 역사, 치유의 역사가 일어날 것입니다.

주여, 우리의 눈을 열어주옵소서!

주여, 우리의 영의 눈을 열어주시옵소서!

제4장

두 가지 질문과 우리의 정체성
(학 2:10-23)

성경 본문에는 하나님이 유다 백성들에게 두 가지의 질문을 하고 계십니다. 이 두 가지의 질문은 주님께서 유다 백성들에게만 하신 질문이 아니라 오늘 우리들, 하나님이 지금 나 자신에게 하시는 질문입니다. 영국에서 한때 소매치기들이 극성을 부렸습니다.

나라에서 어떻게 하면 이 소매치기를 뿌리 뽑을 수 있을까?

이것을 뿌리 뽑기 위해서 소매치기들을 공개 처형을 하기로 했습니다. 실제로 공개 처형을 한다고 하니 수많은 사람이 구름떼처럼 몰려 들었습니다. 정말 발디딜 틈 없이 공개 처형하는 자리에 사람들이 모이니까 전국에서 유명한 소매치기들이 다 모여서 소매치기가 극성을 부렸다는 것입니다.

이것은 역사의 아이러니입니다. 실제로 이 이야기를 통해 역사는 우리에게 그 사실을 보여주고 있습니다. 소매치기를 뿌리 뽑기 위해서 공개 처형을 하는 바로 그 자리에 영국 역사상 어느때보다도 소매치기는 극성을 부렸습니다. 아무리 공개 처형을 해도 소매치기의 마음이 변하지 않으니 공개 처형이 아무 소용이 없었습니다.

1886년까지 영국 브리스톨 감옥의 수감자들을 조사를 해보니 167명이 사형수였는데, 그중에서 공개 처형을 목격한 사람은 164명이였습니다. 164명은 적어도 공개 처형을 목격을 했습니다.

그래서 그들이 변했을까요?

변하지 않았습니다.

왜 기독교입니까?

왜 복음입니까?

기독교는 사람의 내면을 바꾸는 종교입니다. 우리는 이것을 다 알고 있습니다. 더 정확하게 말하면 기독교만이 사람의 마음을 바꿀 수 있습니다. 기독교만이 사람 마음 중심의 영을 바꾸고 고칠 수 있습니다. 기독교만이 사람 마음 중심에 그 영을 수술할 수 있습니다.

현대 의학이 발달해서 이제는 수술하는 기술이 보통 사람들이 생각할 수 없는 아주 상상할 수 없는 정교한 정밀 수술을 현대 의학은 해내고 있습니다. 100년 전, 200년 전에는 상상을 할 수 없었던 일들이 최근에는 일어나고 있습니다.

그러나 아무리 현대 의학이 발달을 해도 의학이 사람의 마음을 수술할 수는 없습니다. 사람의 마음은 하나님만이 수술할 수 있습니다. 그래서 기독교는 마음을 바꾸는 종교입니다. 이것은 놀라운 우리의 자랑이자 우리의 믿음입니다.

하이벨즈 목사님이라는 분이 계십니다. 그분이 던지는 화두가 하나 있습니다.

"교회만이 유일한 세상의 희망입니다."

그런데 중요한 것은 왜 교회만이 희망이냐 하는 것입니다. 그것을 말하는 이유가 중요합니다. 그것은 교회만이 사람의 마음을 바꿀 수 있기 때문입니다. 교회만이 사람의 마음을 수술하고 고칠 수 있기 때문에, 그렇게 말씀하고 있는 것입니다.

하나님은 소매치기 하는 사람들의 마음을 변화시키시는 전능하신 분이십니다. 하나님이 소매치기의 손발을 묶어서 소매치기를 못하게 하시는 그런 정도가 아니라, 그 사람으로 하여금 소매치기를 하고 싶은 생각자체가 없도록 만드시는 분이십니다. 사람들이 담배를 끊기 위해서 금연학교를 가지만 하나님은 담배 냄새 자체를 싫어하도록 만드시는 분이십니다. 하나님의 궁극적인 목적은 사람의 마음을 바꾸는 것입니다.

하나님이 학개 선지자를 통해 유다 백성들에게 하신 말씀을 우리가 기억하고 있습니다. 다시 성전을 지으라는 것입니다. 하나님이 성전을 다시 지으라고 하실 때 하나님이 말씀하신 궁극적인 관심은 그들의 마음이었습니다. 건물 자체가 우리 하나님의 관심이 아니라 그들의 마음이 변하는 것이 목적이었습니다.

이 본문이 우리에게 이것을 말씀하고 있습니다. 유다 백성들이 바벨론 제국에 멸망 후 70년 포로 생활을 하고 이스라엘 본토로 돌아왔습니다. 돌아온 그들이 하나님의 성전을 짓겠다고 일어났다가 너무 힘들어서 15년 동안 중단을 했습니다. 그리고 나서 15년 후에 다시 학개라는 선지자를 통해서 성전을 다시 지으라고 하신 말씀이 학개서 말씀입니다. 이것이 학개서의 메시지입니다.

우리는 이미 1장 1절에서 2장 9절까지 살펴 보았습니다. 2장 10절부터의 말씀은 성전을 짓는 가장 중요한 목적이 무엇인지를 드러내는 말씀입니다.

성전을 짓는 이유가 무엇인가?

왜 이 건물이 있어야만 하는가?

왜 학개 시대의 성전은 반드시 있어야만 하는가?

그 말씀을 오늘 하고 있습니다. 그것은 건물 자체가 목표가 아니라 성전을 통해서 너희들이 하나님을 만나고 실제로 하나님을 만난 후에 너희들의 마음이 변화되라는 것이라는 것입니다. 마음이 하나님처럼 변하는 것이 목적입니다.

학개 시대 성전은 모형에 불과했습니다. 이것은 그림자에 불과했습니다.

그럼 실체는 무엇입니까?

그것은 바로 이 땅에 성령이 오시는 것입니다. 사람의 마음을 하나님의 성전으로 삼으시고 성령께서 이 땅에 임하신 것입니다.

성령께서 오셔서 하시는 일이 무엇입니까?

사람의 마음을 근본적으로 바꾸어 놓는 것입니다. 그러므로 학개 선지자 시대에 다시 지어지는 성전의 궁극적인 목적은 하나님 백성들의 마음이 하나님의 마음처럼 변하는 것이기 때문에 건물이 전부가 아니라고 말씀하고 있습니다.

그런데 지금 하나님 백성들의 관심이 무엇입니까?

그들은 건물만 세우는 것을 목적으로 삼고 있습니다. 그런데 하나님은 그렇게 해서는 안 된다고 말씀하고 있습니다.

지금 그들의 문제가 무엇입니까?

건물의 겉만 화려하게 세우려고 하지 실제로 중요한 내용을 그들 속에 담을 생각을 하지 않고 있습니다. 그들은 그들의 마음에는 전혀 관심이 없었습니다. 그래서 하나님은 6월 24일에 성전 공사를 시작한 지 정확히 3달이 지난 9월 24일에 말씀으로 찾아오셨습니다. 찾아오셔서 그들에게 도전하고 있습니다.

껍데기가 중요한 것이냐?

중요한 것은 너희들의 마음이 변하는 것이 아니냐?

하나님은 이 사실을 밝혀 내기 위해서 그들에게 두 가지 질문을 하십니다.

첫 번째 질문이 무엇입니까?

학개 2장 11-12절 말씀입니다.

> [학 2:11-12] 만군의 여호와가 말하노니 너는 제사장에게 율법에 대하여 물어 이르기를 사람이 옷자락에 거룩한 고기를 쌌는데 그 옷자락이 만일 떡에나 국에나 포도주에나 기름에나 다른 음식물에 닿았으면 그것이 성물이 되겠느냐 하라 학개가 물으매 제사장들이 대답하여 이르되 아니니라 하는지라.

여기서 거룩한 고기라 함은 제사장들이 하나님께 제사 드릴 때에 드리는 제물을 말합니다. 보통 제물은 그냥 들어서 옮기지 않고 옷으로 싸서 옮겼습니다. 그런데 만약 그

재물이 다른 물건에 닿는다고 해서 접촉한다고 해서 다른 물건이 자동적으로 하나님 보시기에 거룩한 물건이 되겠느냐? 하는 질문입니다.

우리에게 이 질문은 좀 생소한 질문이 될지 모르겠지만 유다 백성들에게 이 질문은 지극히 상식적인 질문이었습니다. 이것을 모르는 사람은 단 한 사람도 없었습니다.

더군다나 이 질문을 누구에게 하라고 하십니까?

제사장들에게 입니다. 율법을 가르치는 제사장들에게 이 질문을 하라는 것입니다. 제사장들이 이 말씀을 모를 리가 없습니다.

지극히 상식적이니 대답은 무엇일까요?

제물이 다른 물건에 접촉한다고 해서 그 물건이 자동적으로 거룩해지는 것이 아니라는 것입니다. 이건 상식입니다.

이걸 모를 리가 있나요?

어쩌면 이 상식적인 질문은 듣는 사람으로 하여금 오히려 짜증을 불러 일으킬수 있습니다.

여러분, 중학교 아이들에게 1더하기 1을 물으면 지금 나하고 장난치나 이렇게 생각할 것입니다.

두 번째 질문은 무엇입니까?

두 번째 질문은 더 상식적입니다.

학개 2장 13절 말씀입니다.

[학 2:13] 학개가 이르되 시체를 만져서 부정하여진 자가 만일 그것들 가운데 하나를 만지면 그것이 부정하겠느냐 하니 제사장들이 대답하여 이르되 부정하리라 하더라.

구약의 율법에는 시체를 만져서는 안 됩니다. 시체를 만지면 시체를 만진 사람들이 접촉하는 것마다 부정해집니다. 그래서 시체를 만진 사람이 다른 것을 만져서는 안 됩니다. 그것을 만지면 다 부정하게 된다고 율법은 규정하고 있습니다.

아마도 이쯤되면 이 질문을 받은 사람들 마음속에 아마 짜증이 일어날 것입니다. 한 번 정도는 그런 유치한 것을 물어도 그럴 수 있겠는데, 이걸 지금 두 번이나 묻고 있습니다.

아니 그걸 지금 우리가 모른다고 생각해서 묻고 계십니까?라는 질문을 할 수도 있습니다. 그런데 중요한 것은 그 다음입니다. 학개 선지자가 지금 이것을 몰라서 질문한 것이 아닙니다. 문제는 그들의 영적인 상태를 드러내기 위해서 이 질문을 하는 것입니다. 바로 다음 14절 말씀을 보면 드디어 학개가 지금까지 참았던 말을 하고 있습니다.

[학 2:14] 이에 학개가 대답하여 이르되 여호와의 말씀에 내 앞에서 이 백성이 그러하고 이 나라가 그러하고 그들의 손의 모든

일도 그러하고 그들이 거기에서 드리는 것도 부정하니라.

이 백성이 그러하고, 이 나라가 그러하고, 그 손에 모든 일도 그러하고, 여기 보니까 그러하고, 그러하고, 그러하다는 것이 무엇입니까?

다시 말해서, 이것은 너희들의 모습이라는 것입니다. 이 질문의 내용은 유다 백성의 모습이었다라는 것입니다. 이것이 바로 유다 백성들의 모습 그 자체였습니다. 하나님은 유다 백성들을 지금 다 뜯어보고 계셨습니다. 다시 말해서, 사람이 거룩한 고기에 단지 접촉한다고 해서 자동적으로 거룩해지지 않는다는 것은 상식입니다.

그런데 문제가 무엇입니까?

그들은 마치 거룩한 고기에 접촉만 하면 거룩해지는 것처럼 신앙생활을 하고 있었습니다. 유다 백성들은 거룩한 제사의식에 자신들이 몸만 나가있으면 마치 자신이 거룩함에 전염되는 것처럼 그렇게 생각하고 있었던 것입니다. 성전 건물을 짓기만하면 자동적으로 하나님 앞에 거룩해지는 것처럼 생각하고 있는 것입니다.

제물에 접촉한다고 해서 거룩해질 수 있느냐?

그것은 안 된다고 말하면서 너희들은 왜 그렇게 하고 살고 있느냐?

예배에 몸만 나와 있다고 해서 자동적으로 하나님 앞에 새로워지지 않습니다. 자신이 적극적으로 마음을 찢어야 되고, 자신이 스스로 마음을 열어야 합니다. 자신의 마음을 자신이 스스로 쏟아 놓아야 되고, 그 제물 위에 자신의 마음을 열어야 되고, 하나님을 만나기위해 전심으로 하나님 앞에 부르짖어야 한다는 것입니다.

그런데 그들은 어떻습니까?

몸만 나왔으니까 내 할 일은 다 했다. 나는 하나님 백성으로 부족한 것이 없다.

내가 언제 제사를 드린적이 없느냐?

나는 하나님 앞에 제물도 드렸고 제사도 드렸다.

예배에도 나오고 헌금도 하지 않았느냐?

학개 선지자가 바로 이렇게 말하는 그들에게 질문을 하고 있습니다.

제물에 접촉한다고 해서 너희들이 거룩해 질수 있느냐?

아니니라.

아니라는 것을 알면서 너희들은 왜 그런식으로 하나님 앞에 서 있느냐?

하나님이 원하신 것은 그들의 몸이 아닙니다. 하나님이 원하신 것은 그들의 마음이었습니다. 그들이 하나님 앞에서 마음을 찢는 것이었습니다. 눈물을 흘리면서 하나님께 아뢰는 것을 한 번도 보지 못한 것입니다.

여러분, 우리는 이런 것을 형식주의라고 말합니다.

예배의 자리에 나왔다고 해서 모든 것이 해결되는 것은 아닙니다. 이 예배의 자리에서 나의 생각과 고집을 십자가 앞에 내어놓고 깨뜨려야 합니다. 십자가 앞에서 참회의 눈물을 흘려야 합니다. 나의 힘으로는 도저히 살 수 없으니, 십자가의 능력으로, 복음의 능력으로 나를 살려달라고 부르짖어야 합니다.

오늘 하나님이 유다 백성들에게 질문을 하고 있습니다.

제물에 자동적으로 접촉한다고 해서 너희들이 하나님 앞에서 거룩해 질 수 있느냐?

안 된다는 것입니다. 여기서 질문은 한 걸음 더 나아가고 있습니다. 두 번째 질문, 시체를 만진 자마다 더러워지는 것입니다. 이것이 바로 하나님의 원리였습니다. 하나님이 세운 법칙입니다. 유다 백성들은 이것을 너무나도 잘 알고 있습니다. 부정한 시체를 만진 사람이 다른 것을 만지면 다른 모든 것은 다 부정하게 되어 있습니다. 손을 대는 것마다 부정하게 됩니다. 다시 말해서, 영적으로 죽어 있는 사람이 하나님 앞에서 손대는 일마다 생명의 역사는 절대로 일어나지 않는다는 것입니다.

오히려 다른 사람을 전부 다 죽여 놓습니다.

시체를 만진자마다 다른 것을 만지면 부정하겠냐?

예, 부정합니다. 이것이 바로 유다 백성들의 모습이었
습니다.

그들의 마음은 변하지 않았습니다. 그 속에 생명력이 죽
어 있습니다. 그러니까 하는 일마다 하나님 앞에서 전부 다
부정하고 전부 다 죽여 놓습니다. 이것이 바로 유다 백성들
의 모습이었습니다.

시체를 만진 자가 다른 것을 만지면 다 부정하게 되느니
라. 이것이 바로 유다 백성들의 모습입니다.

결국 이 두 가지의 질문은 한덩어리입니다. 지금 유다 백
성들은 영적으로 죽어 있었습니다. 영적으로 죽은 사람이
다른 것을 만지니까 다른 것은 다 죽게 됩니다. 죽은 마음,
죽은 영혼으로 그들이, 주위의 모든 것이 결국 전부 다 죽
어버립니다.

그들이 만지는 것마다 부정합니다. 손 대는 일마다 하나
님의 영광은 나타나지 않습니다. 그들은 모든 것을 영적인
시체로 만들어 놓고 손을 대는 일마다 하나님을 고통스럽
게 만들었습니다.

그렇다면 하나님이 원하신 것이 무엇입니까?

하나님이 원하신 것은 정반대입니다. 정확하게 이 두 질
문을 뒤집어 놓는 것이 하나님이 원하신 것입니다.

지금 성전을 다시 짓는 목적이 무엇입니까?

지금 건물을 짓는 것이 목적이 아닙니다. 아무리 건물이 초라해도 감람나무로, 화석류 나무로 부족해 보이는 성전이라 할지라도 결국 이 성전에 들어온 사람들은, 지금 던진 두 가지의 질문과는 전혀 다른 반대의 사람이 되는 것입니다.

손을 대는 것마다 사람을 죽여놓는 것이 아니라 사람을 살리는 사람들이 되고, 손을 대는 일마다 전부 다 하나님의 영광이 나타나게 만드는 사람들, 시체를 만진 것이 아니라, 이젠 그들이 하나님의 영광을 만졌기 때문에, 그가 만지는 것마다 하나님의 영광이 드러나도록 만드는 사람으로 변화되라는 것입니다. 만지는 것마다 하나님의 영광이 뿜어져 나오는 사람들이 되라는 것입니다. 만지는 것마다 창조주의 영광이 나타나는 주의 백성다움을 회복하라는 것입니다.

황폐해가고 타락해가는 이 도시 한복판에서 하나님의 백성으로 인해 소생하고 살아나며, 하늘의 영광이 드러나는 삶을 살아가는 백성이 되라는 것입니다.

오늘 하나님이 원하시는 사람은 바로 이런 사람들이었습니다. 하나님 앞에서 정말 마음이 변한 사람들은 만지는 것마다 하나님이 기뻐하시고, 그들이 만지는 사람들마다 하나님 앞에 변화되고, 그들이 손을 대는 일들마다 영적으로 생명력이 일어나고, 그들이 하나님 앞에서 부딪히는 일마다 다 살아나게 되는 것입니다. 그들이 전심으로 기도를 하기만 하면 다 살아나는 것입니다. 영이 살아나는 것입니다.

하나님이 유다 백성들에게 원하시는 것은 바로 이것이었습니다. 그 백성들이 하는 일마다 성령의 냄새가 나고, 하나님 향기가 드러나고 ,하나님의 영광이 나타나는 것입니다. 미국의 존 오토버그라는 목사님이 있습니다. 이분이 그의 책『예수님처럼』에서 이런 말을 합니다.

유대 랍비와 예수님의 차이가 도대체 무엇인가?

그 차이는 한 가지였습니다. 유대 랍비는 세상과 접촉하기를 주저했고 예수님은 세상과 접촉하기를 주저하지 않으셨다. 결국 유대인들은 세상과 접촉할 수가 없었다.

왜?

그들은 이 세상에 의해서 감염될 수밖에 없었기 때문입니다. 그러나 예수님은 세상과 접촉할 수 있었다.

왜?

예수님은 세상을 거룩한 것으로 감염시킬 수 있었기 때문에, 예수님이 손을 대는 것마다 생명력으로 살아나는 역사가 일어났기 때문입니다.

이것이 바로 생명력의 힘입니다. 생명력은 모든 것을 다 삼켜버립니다. 하나님이 유다 백성들에게 원한 것이 바로 이것이었습니다.

우리의 마음이 변하면 우리를 통해서 다른 사람들을 다 삼켜 버리는 것입니다. 예수님이 만지는 사람들마다 예수의 생명으로 그들을 다 삼켜버렸습니다. 그래서 예수님이 손을 댄 사람들마다 다 일어났습니다.

하나님이 원하신 것은 바로 이것이었습니다. 이것이 바로 하나님 백성들의 모습이라는 것입니다. 너희들이 하나님과 정확하게 접촉해서 너희들이 먼저 살고 그 다음 살아난 너희들의 그 생명력으로 다른 사람들을 만져서 다른 사람들을 다 살려내는 주의 백성들이 되라고 주님이 말씀하고 있습니다.

그런데 유다 백성들은 정확하게 그 반대였습니다. 하나님과는 전혀 접촉하지 못하고 하나님께는 여전히 마음을 닫아 놓고 하나님과 접촉이 안 된 상태에서 예배를 마치고 그들이 손대는 일마다 전부 다 죽여 놓는 것이 유다 백성들의 모습이었다는 것입니다.

교회가 살아 있으면 교회에 오는 사람들마다 전부 다 생명으로 삼켜지게 되는 것입니다. 죽은 영혼들이 전부 다 생명으로 삼켜진 바 되어서 그들에게 하늘의 생명이 전염이 되는 것입니다.

마음이 변하면 인생 단수가 높이 올라갑니다. 시편에 있는대로 여호와께서 나로 높은 곳에 세우시니. 프로 9단쯤 되면 모든 것이 다 보이기 시작하는 것입니다. 저 밑에서 사탄이 공격하는 것이 다 보이기 시작합니다.

하나님이 유다 백성들에게 원하신 것은 바로 이것이었습니다. 이 성전을 통해서 바로 이런 사람들을 만들어 내는 것이 하나님의 목적이었습니다.

그들이 손대는 것마다 전부 다 살아나고 그들이 영적인 9단으로 사탄의 궤계를 꿰뚫는 삶을 사는 것, 이것이 바로 하나님이 원하시는 것이었습니다. 그러나 지금 유다 백성들은 정반대 자리에 서 있습니다. 그들은 지금 죽은 시체와 같습니다. 마음이 다 죽어 있습니다. 마음이 죽어 있으니까 만지는 것마다 다 죽어 버리는 것입니다.

악순환이 계속 되고 있습니다. 그들은 제사의 자리에 나오기만하면 자동적으로 거룩해진다는 생각을 하고 있습니다. 거룩한 제물에 접촉한다고 해서 자동적으로 거룩해지지 않는다는 것을 머리로는 알고 있지만 한 번도 하나님 앞에서 진심으로 마음을 열어본 적이 없습니다.

그래서 그들은 영적인 시체가 되었고 그래서 그들이 만지는 것마다 다 죽여 놓았습니다.

성전 건축할 때가 6월 24입니다. 이 말씀을 주시는 날이 9월 24일입니다. 정확하게 3달이 지났습니다. 성전 건축이 시작되었음에도 불구하고 3개월 동안 하나님의 축복은 열리지 않았습니다. 3개월 동안 고생의 연속이었습니다.

여러분 학개 2장 15-17절 말씀을 보십시오.

[학 2:15-17] 이제 원하건대 너희는 오늘부터 이전 곧 여호와의 전에 돌이 돌 위에 놓이지 아니하였던 때를 기억하라 그 때에는 이십 고르 곡식 더미에 이른즉 십 고르뿐이었고 포도즙 틀에 오십 고르를 길으러 이른즉 이십 고르뿐이었었느니라 만군의 여호와가 말하노라 내가 너희 손으로 지은 모든 일에 곡식을 마르게 하는 재앙과 깜부기 재앙과 우박으로 쳤으나 너희가 내게로 돌이키지 아니하였느니라.

유다 백성들이 성전 건축을 시작하면 일이 잘 풀릴줄 알았습니다. 그런데 하나님은 3개월 동안 아무런 축복도 하지 않으셨습니다. 하나님이 은혜의 문을 딱 닫아 놓았습니다.

하나님은 왜 하늘의 문을 닫으셨을까요?
왜 은혜의 문을 닫으셨을까요?
새 성전 건축을 했으면 은혜의 문이 열려야 하지 않습니까?

하나님이 말씀하십니다.

너희들은 아직 나와 영적으로 접촉을 하지 못했다. 중요한 것은 너희들의 마음이 열리는 것이디. 건물자체가 중요한 것이 아니라 나는 너희들의 마음이 변하기를 원하

고, 너희들의 내면이 새로워지길 원하고 생명력이 너희
들 중심에서 터져 나오기를 원한다. 정확하게 나의 마음
과 너희들의 마음이 접촉해서 너희들이 변화된 마음으
로 만지는 것마다 다 살아나는 역사가 일어나길 원했는
데 너희들 속은 지금 다 죽어있고, 아무것도 살리지 못하
고 있다.

하나님은 생명력 넘치는 삶으로 모든 것을 살리기를 원
한다라고 두 가지 질문을 던지고 계십니다.

기독교는 껍데기를 바꾸지 않습니다. 내면을 바꾸는 종
교입니다. 하나님은 생명을 주시되 넘치도록 주시기를 원
하십니다. 내 안에 하나님의 생명으로 충만하면 내가 손을
대는 일들마다 다 살아나게 될 줄로 믿습니다.

생명이 충만하게 살아나는 사람이 자녀 교육을 하면 그
자녀들이 다 살아날 것입니다. 생명이 충만한 사람이 교사
가 되면 아이들이 살아날 것입니다. 생명이 충만한 구역장
이 사역을 하면 그 구역은 다 살아날 것입니다. 손을 대는
일마다 다 살아날 것입니다.

하나님께 다른 것을 구하지 마십시오. 내가 넘치는 생명
력으로 충만하게 하옵소서. 내가 손대는 모든 것이 다 살아
나게 하여 주옵소서. 속썩이는 남편과 자녀들이 겁나지 않
게 하옵소서. 내가 손대기만 하면 남편과 자녀들이 다 살아

나게 하여 주옵소서. 나를 높은 곳에 세워주옵소서. 영적인
9단으로 높은 곳에 세워주옵소서. 이 시간 하나님과 접촉하
면 이렇게 될 줄로 믿습니다.

마지막 학개 2장 22-23절 말씀을 보십시오.

이제 하나님이 원하시는 모습으로 하나님의 백성들이 나
타나는 것입니다.

> [학 2:22] 여러 왕국들의 보좌를 엎을 것이요 여러 나라의 세력
> 을 멸할 것이요 그 병거들과 그 탄 자를 엎드러뜨리리니 말과 그
> 탄 자가 각각 그의 동료의 칼에 엎드러지리라.

> [학 2:23] 만군의 여호와가 말하노라 스알디엘의 아들 내 종 스
> 룹바벨아 여호와가 말하노라 그 날에 내가 너를 세우고 너를 인
> 장으로 삼으리니 이는 내가 너를 택하였음이니라 만군의 여호와
> 의 말이니라 하시니라.

하나님을 대적하는 세력들을 전부 다 멸하고 그들을 다
이긴다는 것입니다. 그리고 우리를 인장으로 삼으셔서 이
모든 일을 가능하게 하신다는 것입니다.

이제 우리 모두는 주 예수 그리스도의 보혈로서 하나님
의 인침을 받은 하나님 백성의 인장으로서 우리 모두가 하
나님 나라의 인장의 역할을 잘 감당해야 합니다.

여기서 '인장'은 왕의 권위와 소유권의 증거를 제시하는 반지이며 법적인 문서를 자신의 반지로 인치는 왕과 같이, 하나님은 자신을 대표하는 자를 통해 세상에 하나님의 자취를 남기실 것입니다. 애굽 왕 바로의 인장 반지를 받아 나라를 통째로 다스리게 된 요셉은 자기만을 위한 삶을 산 것이 아니라 하나님의 자취를 남겼습니다. 7년의 풍년과 7년 흉년을 지혜롭게 다스려 인장의 역할을 초인처럼 감당했습니다.

오늘 이 시대에도 하나님은 이런 하나님의 자취를 남기게 하기 위해서 우리를 하나님이 인장으로 삼으신 것입니다. 이것이 바로 저와 여러분들의 삶의 궁극적 정체성입니다. 그 하나님 나라의 인장으로서의 역할을 잘 감당하여 하나님을 대신하여 이 땅 구석구석을 다 살려내고, 치유하고, 회복시키는 여러분이 되시길 원하십니다.

그러면 결국 여호와의 말씀이 다시 임합니다.

학개 2장 18-19절 말씀입니다.

[학 2:18] 너희는 오늘 이전을 기억하라 아홉째 달 이십사일 곧 여호와의 성전 지대를 쌓던 날부터 기억하여 보라.

[학 2:19] 곡식 종자가 아직도 창고에 있느냐 포도나무, 무화과나무, 석류나무, 감람나무에 열매가 맺지 못하였느니라. 그러나 오늘부터는 내가 너희에게 복을 주리라.

"오늘부터는 내가 너희에게 복을 주리라."

결국 생명력으로 새로워지고자 결단한 백성들에게 하나
님이 "오늘부터 내가 복을 주리라"고 선포하고 계십니다.
하나님은 하나님의 백성들에게 복을 주기를 원하십니다.

미국이 세계적인 강력한 부국으로 등장하기 시작한 것은
1840-1890년까지 50년 동안의 일이었습니다. 그때 공업
생산량은 이전의 7배가 늘었습니다. 그때 미국 사람들은 자
신들이 해낸 것으로 생각하지 않고, "주님이시다"를 외치며
찬송가를 대대적으로 만들어 불렀다고 합니다. 그 시절은
미국 전체가 영적인 생명력이 솟구친 시대였습니다. 지금
부르는 찬송가가 대부분 그 시절에 작곡된 곡이 많습니다.

그때 많은 선교사가 전 세계에 파송이 되었는데, 1884년
의사였던 알렌 선교사, 1885년 아펜젤러, 언더우드 선교사
님들이 들어와서 지금의 한국 교회를 이루었습니다. 그 축
복의 파편이 조선까지 튄 것입니다. 그 생명력이 조선까지
튄 것입니다. 놀랍습니다. 나만 잘먹고 잘사는 정도가 아니
라 전 세계가 하나님의 교구이고, 하나님의 뜻을 이루는 사
역지라는 것입니다. 갇혀 있지 않았습니다. 계속 열리는 것
입니다. 주님이 복주시면 모든 것이 형통해 지는 것입니다.
하나님이 부어 주시면 그 교회가 가장 강력한 교회가 될 줄
로 믿습니다.

"오늘부터는 내가 복을 내리리라."

CLC 소선지서 안내

❶ 이야기로 푸는 소선지서
김에스더 지음 | 사륙판변형 | 148면

❷ 12소전지서 연구
조지 로빈슨 지음 | 정일오 옮김 | 신국판 | 204면

❸ 신약성경의 열두 소예언서 사용
마틴 J. J. 멘켄, 스티브 모이스 편집 | 우리말씀연구소 옮김 | 김정훈 책임감수
신국판 | 276면

❹ 창조신학 관점으로 본 요나서
이흥수 지음 | 국판변형 | 212면

❺ 요나, 하나님과 친밀한 선지자
윤희현 지음 | 사륙판변형 | 156면

❻ 오바댜서 강해
조나단 지음 | 신국판 양장 | 460면

❼ 학개, 스가랴, 말라기(틴데일 구약)
앤드류 E. 힐 지음 | 유창걸 옮김 | 신국판 양장 | 504면

❽ 호세아 주석(CLC 구약주석 시리즈)
김정훈 지음 | 신국판 양장 | 528면

❾ 앵커바이블 말라기
앤드류 E. 힐 지음 | 안영미 옮김 | 신국판 양장 | | 752면